reinhardt

Kaja Baumann
Christian Käsermann

Ausflüge an Schweizer Seen und Flüssen

Friedrich Reinhardt Verlag

Alle Rechte vorbehalten
© 2011 Friedrich Reinhardt Verlag, Basel
Projektleitung: Beatrice Rubin
Lithos und Druck: Reinhardt Druck, Basel
ISBN 978-3-7245-1702-3

www.reinhardt.ch

Inhaltsverzeichnis

Vorwort

Dass man an Schweizer Seen und Flüssen hervorragend wandern kann, haben wir Ihnen bereits im Buch «Wandern an Schweizer Seen und Flüssen» gezeigt. Im vorliegenden Buch finden Sie nun eine weitere, breite Palette von Tagesausflügen, unter welchen für jeden Geschmack etwas dabei sein sollte. Vom Tessin bis zum Bodensee erwartet Sie wieder eine Fülle von Möglichkeiten. Darunter befinden sich Ausflüge zu den kunstvoll angelegten Gärten der Sinne in Yvoire am Genfersee, eine Wanderung vom Pfahlbau-Museum im Bodensee nach Meersburg, eine wilde Trotinettfahrt das Niederhorn hinab und eine idyllische Wanderung durch urige Dörfer und wilde Täler im Tessin. Eine Schifffahrt bildet jeweils den Auftakt oder den Abschluss Ihres Ausfluges.

Auf unseren Ausflügen für dieses Buch haben wir wieder einiges gelernt, das wir Ihnen hiermit weitergeben möchten:

1. Die Preise und Öffnungszeiten wurden von uns nach bestem Wissen angegeben und Stand Frühjahr 2011, diese können sich natürlich jederzeit ändern! Prüfen Sie daher vor ihren Ausflügen sicherheitshalber die aktuellen Öffnungszeiten auf der Webseite, die in der Infobox am Ende des jeweiligen Ausflugs angegeben ist! Manche Ausflugsziele haben nur an wenigen Tagen in der Woche geöffnet.

2. Studieren Sie die Schiffsfahrpläne vor dem Ausflug genau. Planen Sie genug Zeit für den Ausflug ein, um nicht aufgrund der Abfahrt des Schiffes in Eile zu geraten. Die jeweilige Webseite des Schifffahrtsbetriebs finden Sie auf der ersten Seite der Ausflugsbeschreibung.

3. Auf www.wanderland.ch können Sie Wanderkarten anschauen, diese im Massstab von 1:25000 ausdrucken und sich die offiziellen Wanderwege darauf anzeigen lassen. Machen Sie sich mit den Anzeige- und Druckoptionen vertraut, dann wird Ihnen diese Webseite bei Ihren Ausflügen sehr helfen.

Wir wünschen Ihnen viel Spass auf den Ausflügen und beim Entdecken der Regionen rund um die Schweizer Seen und Flüsse. Na los, gehen Sie schon!

Kaja Baumann und Christian Käsermann

1 Vom Schloss Chillon zum «Alimentarium» in Vevey

Am Genfersee gibt es so viele interessante Sehenswürdigkeiten, dass es schwer fällt, sich nur für eine pro Tag zu entscheiden. Das Schloss Chillon ist sicher eine der bekanntesten davon und eines der bestbesuchten Schlösser der Schweiz. Daher bewundern Sie es heute nur vom See aus und laufen an seinen dicken Mauern vorbei und auf der Seepromenade zum «Alimentarium», dem interaktiven und spannenden Ernährungsmuseum in Vevey.

Route: Château de Chillon–Montreux–Vevey

Länge: 10 km
Höhenmeter: ↑ 0 m, ↓ 0 m
Wanderzeit: 2,5 Stunden

Anreise: mit dem Zug nach Lausanne und von dort mit dem Schiff zum Château de Chillon
Rückreise: mit dem Schiff oder Zug von Vevey zurück nach Lausanne

Schifffahrtsgesellschaft: Compagnie Générale de Navigation sur le Lac Léman, Telefon 0848 811 848, www.cgn.ch

Die Strecke verläuft auf einem Teilstück der ViaFrancigena (Weitwanderweg Nr. 70), die Caterbury und Rom verbindet und im Mittelalter eine der wichtigsten Pilgerrouten und Handelsstrassen darstellte. Beachten Sie auf Ihrer Schifffahrt über den Genfersee die imposanten Hotelfassaden von Montreux, die an die goldenen Zeiten der Stadt erinnern. Sie erreichen die Anlegestelle des Schlosses Chillon und gehen nach links in Richtung Montreux. Oberhalb des Schlosses befindet sich ein Restaurant, das hungrige Schlossbesucher abfängt – aber Sie dürfen sicher auch für eine Stärkung einkehren. An Tischen und Bänken mangelt es entlang der Riviera übrigens nicht, falls Sie lieber unterwegs picknicken möchten.

Sie gehen in Richtung Montreux und bleiben immer auf der Strasse direkt am See, die an beeindruckend alten Bäumen und teuren Anwesen vorbeiführt. Wenn Sie an den ersten Tennisplatz gelangen, beachten Sie die riesige Magnolie, mit ihren ausladenden Ästen! Bis zur nächsten Schiffsanlegestelle laufen Sie zwar auf der Promenade, aber dennoch fühlt man sich ein wenig wie in einem Park. Montreux selbst hingegen wirkt an manchen Orten vom See aus gesehen einladender als auf dem Weg. Wunderschöne historische Hotelbauten wechseln sich mit Architektursünden ab. Falls Sie zufällig vorhaben, eine Schönheits- oder Kurklinik zu eröffnen – hier wären Sie in guter Gesellschaft.

Auf dem Marktplatz von Montreux befindet sich das Wahrzeichen der Stadt, die Markthalle von 1892. Direktes Vorbild waren die berühmten Pariser Hallen von Victor Baltard und stilecht stammt das

Der Genfersee von seiner schönsten Seite

In La Tour-de-Peilz

Gerüst aus demselben Atelier wie das des Eiffelturms. Entlang der Promenade nach Vevey, auf der sich bei schönem Wetter viele Menschen tummeln, stehen riesige Platanen, stattliche Pinien, alte Olivenbäume, hohe Lorbeergewächse wie der Kampferbaum, Blauglockenbäume, Magnolien, Palmen und weitere Baum-Schönheiten.

Sie gelangen nach rund 5,5 km an den Hafen von Basset, dem die kleine Insel Ile de Salagnon gegenüber liegt. Hinter dem Hafen können Sie leider für rund 1 km nicht mehr direkt am See spazieren, da der Seezugang den Anwohnern der Häuser vorbehalten ist. Daher verläuft der Weg nun entlang der Strasse. Beachten Sie kurz vor der Hausnummer 160 ein vergittertes Fenster, neben dem Sie auf einen Knopf drücken und damit die am Haus angebrachten kinetischen Kunstwerke in Bewegung bringen kön-

nen! Des Künstlers Faszination für Jean Tinguely ist offensichtlich. Dessen Arbeiten waren es auch, die den damals zehnjährigen Pascal Bettex so beeindruckten, dass er schon mit 16 sein erstes Mobile baute und bisher nicht damit aufgehört hat.

Hinter der Bushaltestelle «Maladaire» gehen Sie links hinunter und über das Campingplatzgelände. So können Sie der Strasse etwas entfliehen, bevor es leider nochmal 1 km auf dieser entlanggeht. Freuen Sie sich einfach schon mal auf La Tour-de-Peilz, das Sie bald erreichen.

Vor dem grossen Nestlé-Gebäude folgen Sie dem Wanderweg links hinunter und gelangen so endlich wieder an den See. Von hier haben Sie eine prächtige Sicht auf das Lavaux, das berühmte Weinanbaugebiet am Genfersee. Wer im Laufe des Spazierganges ein Bad im See nehmen möchte, hier kurz vor La-Tour-de-Peilz ist der beste Ort dafür. Das Schloss des Ortes beherbergt das Schweizer Spielmuseum. Hinter dem Schloss flanieren Sie noch rund 1 km entlang der Seepromenade unter zahlreichen Platanen hindurch bis zur im See steckenden Gabel, dem Wahrzeichen des «Alimentariums».

Das Wahrzeichen des «Alimentariums»

Das Museum liegt direkt gegenüber im ehemaligen Firmensitz von Nestlé. Es ist in vier Bereiche unterteilt: Einkaufen, Kochen, Essen und Verdauen. Wie ernähren sich die Menschen rund um die Welt? Wie sah dies bei uns noch vor 100 Jahren aus – und was passiert eigentlich in unserem Körper, wenn wir Nahrung zu uns nehmen? Diese und natürlich noch viele Fragen mehr sind Gegenstand der interaktiven Ausstellung. Kochutensilien, Gedecke, Verarbeitungswerkzeuge und Besteck aus verschiedensten Epochen und Regionen der Welt können Sie hier besichtigen.

In der Cafeteria gibt es je nach aktuellem Thema unterschiedliche exotische oder einheimische Gerichte. In der kleinen Ausstellungsabteilung zur Nestlé-Geschichte können Sie historische Nahrungsmittelverpackungen von beispielsweise Schokolade, Senf und Maggi besichtigen. In der Experimentier-

küche können Besucher unter französischsprachiger Anleitung und gegen einen kleinen Aufpreis mitkochen. Das Museum gestaltet jährlich eine Sonderausstellung und bietet ständig wechselnde Aktivitäten in der Experimentierküche an, die jeweils auf der Webseite angekündigt werden. Das Museum liegt zwischen den Schiffsanlegestellen «Vevey La Tour» und «Vevey Marché». Von hier aus können Sie wieder das Schiff nach Lausanne besteigen.

Wenn Sie nur 5 km spazieren möchten, fahren Sie mit dem Schiff nach Montreux und starten den Spaziergang entlang der Promenade dort.
Öffnungszeiten «Alimentarium»:
Di–Fr 10–17 Uhr, Sa/So 10–18 Uhr
Preise: *Fr. 2.– bis 12.–*
Informationen: *Alimentarium – Musée de l'alimentation Quai Perdonnet, 1800 Vevey Telefon 021 924 41 11 www.alimentarium.ch*

2 Ein Tag im malerischen Yvoire und seinen Gärten der Sinne

Fahren Sie mit dem Schiff doch kurz mal rüber nach Frankreich – ins malerische Yvoire. Das Städtchen hat sich zwar ziemlich dem Tourismus verschrieben, dabei aber viel von seinem mittelalterlichen Charme bewahrt. Der bezaubernde «Jardin des Cinq Sens» im ehemaligen Schlossgarten von Yvoire ist eine der schönsten Gartenanlagen am Genfersee und nimmt Sie mit auf eine beeindruckende Reise der Sinne.

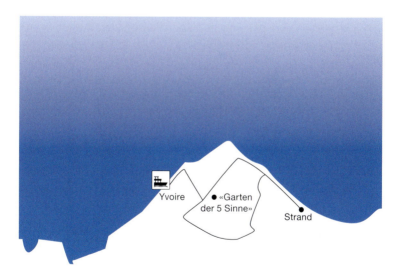

Anreise: mit dem Zug nach Nyon und von dort mit dem Schiff nach Yvoire
Rückreise: mit dem Schiff von Yvoire zurück nach Nyon
Schifffahrtsgesellschaft: Compagnie Générale de Navigation sur le Lac Léman, Telefon 0848 811 848, www.cgn.ch

Château d'Yvoire

Wenn Sie mit dem Zug nach Nyon fahren, finden Sie am Bahnhof einen Wanderwegweiser, der in Richtung Port zeigt und Sie durch die Fussgängerzone Nyons führt. Auf der Rue de la Gare gelangen Sie zu einem kleinen Platz mit einem Brunnen, an dem Sie links abzweigen. Von hier aus gibt es dann wieder Wanderwegweiser, die Sie zielsicher zur Schiffsanlegestelle leiten. Die Fahrt nach Yvoire dauert nur rund 20 Minuten. Wenn Sie länger mit dem Schiff fahren möchten, können Sie auch von einem anderen Hafen aus nach Yvoire gelangen. In Yvoire angekommen, läuft man leicht Gefahr, sich vom kulinarischen Angebot überfordert zu fühlen. Fast jedes Gebäude hier unten am See ist ein Restaurant – und Sie haben die Qual der Wahl. Hinter der Schiffsanlegestelle geht es hinauf. Der kleine Ort gehört zu den «Plus beaux villages de France», was eine ziemliche Ehre ist, da nur 155 Orte in ganz Frankreich diesen Titel tragen. Ihr Ziel ist der «Jardin des 5 Sens», also der «Garten der 5 Sinne», zu dem zahlreiche Wegweiser führen.

Der alte Küchengarten des Schlosses wurde seit den 1980er-Jahren in eine einzigartige Anlage verwandelt, in der sich Gartenkunst, Liebe zum Detail und viel Einfallsreichtum vereinen.

Bevor Sie die Anlage betreten, können Sie anhand eines kleinen Modells den Garten aus der Vogelperspektive besichtigen und bekommen von einem Mitarbeitenden eine Erklärung zu den jeweiligen Themenbereichen, die Sie durchqueren werden. Kinder können auf dem Rundgang ein Quiz zum Garten ausfüllen, das ihr Interesse an den Pflanzen spielerisch zu wecken versucht. Wer es danach an der Kasse abgibt und alles richtig beantwortet hat, bekommt einen kleinen Preis (ich hatte zwei Fehler – Mist!).

Im Mittelalter diente die Anlage dem Schloss als Küchengarten. Als die neuen Besitzer in den 80er-Jahren begannen, den Garten umzubauen, orientierten sie sich trotz vieler Innovationen dennoch am mittelalterlichen Stil. Als Themen wählten sie das Labyrinth und die fünf Sinne des Menschen.

Der Klostergarten im Garten der Sinne

Eines der zahlreichen schönen Steinhäuser Yvoires

Der erste kleine Garten, den Sie im Labyrinth betreten, ist ausschliesslich mit Pflanzen aus den Alpen ausgestattet, die an einem kleinen plätschernden Bachlauf wachsen. Sie treten durch die Blätter in den nächsten Bereich, den «geflochtenen» Garten, dessen Symbolik für die Verflechtung der wilden Natur mit dem Menschen steht. Die sehr alte weisse Rosensorte, die das Menschliche repräsentieren soll, ist eine Unterart der Kartoffel-Rose (auch Apfel- oder Japan-Rose genannt), die seit Mitte des 18. Jahrhunderts in Europa angepflanzt wird. Auch wenn Sie noch nicht im Garten der Düfte sind – riechen Sie an den weissen Rosen. Von diesem Garten aus gelangen Sie in den Klostergarten mit seinem sehr beeindruckenden, lebenden Kreuzgang aus Bäumen. Überall finden sich lauschige Plätze mit Bänken und man kann sich gar nicht entscheiden, welcher der schönste ist. Hinter dem Kloster-

Im Duftgarten

Kleine Wasserbehälter stehen bereit, damit Sie Ihre Finger zwischendurch wieder neutralisieren können. Im dritten Garten geht es handgreiflich weiter. Die Pflanzen, die im «Garden of touch» (Tastgarten) gesetzt wurden, haben alle eine spezielle Textur. Von seidig und glatt über flauschig und weich bis rau und stachlig ist hier alles vertreten.

Im letzten, dem Sehsinn gewidmeten Garten sind Pflanzen in allen Blautönen vertreten, die man sich vorstellen kann. In der Mitte der Gärten befindet sich eine Vogelvoliere mit plätscherndem Wasser, damit auch der Gehörsinn im «Garten der 5 Sinne» auf seine Kosten

garten beginnt das Labyrinth des «Garten der 5 Sinne». Der erste dieser Gärten möchte Ihren Geschmackssinn anregen. Der kleine Küchengarten mit unterschiedlichsten Früchten, neuen und alten Gemüsesorten und anderen essbaren Pflanzen ist liebevoll bepflanzt und macht Lust, selber die Schaufel in die Hand zu nehmen und einen Teil des eigenen Gemüses oder Obstes im Garten zu ziehen. Nachdem Ihnen der Mund mit Tomaten, Äpfeln, Kapuzinerkresse und weiteren Leckereien wässrig gemacht wurde, geht es weiter in den Garten der Düfte. Hier dürfen Sie – anders als im vorherigen Garten – selber Hand anlegen. Reiben Sie die Blätter der Pflanzen sanft zwischen den Fingern und riechen Sie daran. Einige Pflanzen wie Minze, Verveine und Thymian werden Sie kennen, den Duft anderer wahrscheinlich neu entdecken.

Kreuzgang aus jungen Bäumen

Malerisches Yvoire

kommt. In den hohen Hecken wachsen auch sehr alte Bäume, die noch aus der Zeit vor der Umgestaltung beibehalten wurden. Äste von alten Apfel- und Quittenbäumen ragen rebellisch aus der sonst so akkurat geschnittenen Hecke hervor. Nach dem Rundgang durch das Labyrinth wird ein Film über die spannende Geschichte Yvoires, die seines Schlosses und die Verwandlung des Gartens gezeigt – auf Anfrage bei den Mitarbeitenden auch auf Deutsch!

Nach dieser Entdeckungsreise durch die Welt der Sinne können Sie noch weiter durch die idyllischen Gassen Yvoires spazieren und den romantischen Ort weiter erkunden.

Warnhinweis: Treffen Sie präventive Massnahmen gegen Blasen an den Fingern vom Fotografieren. Dieser Garten wird Ihre Fingerkuppen glühen lassen. Und denken Sie daran, bei Ihrer Bank ein paar Euro abzuheben, dann müssen Sie in Yvoire keine ungünstigen Wechselkurse in Kauf nehmen.

Öffnungszeiten: An Wochenenden von Mitte April bis Mitte Oktober: 10–19 Uhr. Unter der Woche je nach Monat von 11 bis 17/18 Uhr

Preise: Fr. 5.50 bis 10.–

Informationen: Jardin des Cinq Sens

Rue du Lac, FR-74 140 Yvoire, Telefon +33 (0)4 50 72 88 80

www.jardin5sens.net

3 Wasserskifahren auf dem Neuenburgersee

Der einzige Wasserskilift der Schweiz befindet sich in Estavayer-le-Lac. Lassen Sie sich im wahrsten Sinne des Wortes mitreissen und tauschen Sie den Skioverall gegen den Neoprenanzug. Alle, die es lieber ruhiger angehen möchten, können unter vielen Booten das passende für den Tag auswählen und eigenständig den See entdecken.

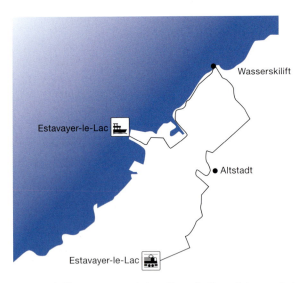

Route: Schiffsteg Estavayer-le-Lac–Nouvelle Plage–Estavayer-le-Lac Altstadt–Estavayer-le-Lac Bahnhof

Länge: 3,5 km
Höhenmeter: ↑ 50 m, ↓ 20 m
Wanderzeit: 0,45 Stunden

Anreise: mit dem Schiff nach Estavayer-le-Lac
Rückreise: mit dem Schiff oder Zug zurück

Schifffahrtsgesellschaft: Société de Navigation, Telefon 032 729 96 00, www.navig.ch

Nachdem Sie gemütlich über den Neuenburgersee geschippert sind, verlassen Sie in Estavayer-le-Lac das Schiff. An Land halten Sie sich links und folgen dem Seeufer. Zunächst verläuft der Weg durch einen kleinen Park, dann überqueren Sie einen Parkplatz. Wenn Sie hinter dem Parkplatz auf die Strasse gelangen, folgen Sie dieser links für rund 200 m. Hinter dem Kieswerk biegen Sie wiederum links ab und folgen dem Seeufer.

Schon bald erreichen Sie «La Grande Gouille», die zum Naturschutzgebiet Grande Cariçaie gehört. Bei der Grande Cariçaie handelt es sich um das grösste Seeuferfeuchtgebiet der Schweiz, welches sich, mit kleineren Unterbrechungen, über das gesamte Ostufer des Neuenburgersees erstreckt. Das Naturschutzgebiet entstand nach den zwei grossen Juragewässerkorrekturen im 20. Jahrhundert, welche dazu führten, dass sich der Seespiegel um etwa 3 m abgesenkte. Das ehemalige Molassesteilufer wurde schon bald von Auenwäldern bedeckt, die davorliegenden Gebiete verwandelten sich zur heutigen Moor- und Sumpflandschaft. Das Gebiet bietet unzähligen Tier- und Pflanzenarten einen Lebensraum.

Folgen Sie dem Uferweg weiter, erreichen Sie schon bald die Liegewiesen des Campingplatzes «Nouvelle Plage». Auf dem Areal des «Nouvelle Plage» finden Sie ein wahres Mekka für Wassersportler. Das Spektrum reicht von einem wunderschönen Sandstrand, der zum Baden einlädt, über die Vermietung von Booten (Kanu, Tret-, Segel- und Motorboote) und Surfbrettern bis hin zum in der Schweiz einmaligen Wasserskilift! Sie können hier natürlich alles mieten, was Sie für den wilden Ritt über die Wellen brauchen – Wakebord, Wasserski und die dazugehörige Ausrüstung, bestehend aus Neoprenanzug und Helm.

So ausgerüstet, kann es auch schon los gehen auf den 800 m langen Rundkurs. Die Strecke bietet auch für Profis einige Herausforderungen in Form verschiedener

Schloss Chenaux in Estavayer-le-Lac

Steg in den Neuenburgersee

Schanzen für spektakuläre Sprünge oder Hindernisse zum «grinden». Aber selbst für diejenigen, die Sport lieber vom Beobachterposten aus «betreiben», ist gesorgt – nehmen Sie einfach Platz auf der grossen Tribüne, welche auf einem Steg entlang des Wasserskiliftes mitten im Wasser steht.

Auf dem «Nouvelle Plage» können Sie sich nach der körperlichen An-

strengung sämtliche verbrauchte Kalorien wieder zurückholen. Dazu steht Ihnen einerseits das grosse Restaurant beim Campingplatz oder die Strandbar im Wassersportbereich zur Verfügung. Es besteht aber auch die Möglichkeit, direkt neben der Strandbar auf dem Grill Mitgebrachtes zu brutzeln.

Nach diesem eher sportlichen Nachmittag empfehlen wir Ihnen

Bewunderung für mutige Springer

einen kurzen Spaziergang hinauf in die mittelalterliche Altstadt von Estavayer-le-Lac mit seinen herausragenden Befestigungsanlagen, dem Schloss von Chenaux sowie der Kapelle der Dominikanerinnen. Verlassen Sie dazu den «Nouvelle Plage» durch den Haupteingang, hinter dem Sie gleich rechts abbiegen und über Holzstege am grossen Weiher von «La Grande Gouille» mit seinen Beobachtungsstationen vorbeigeführt werden. Wieder auf der Strasse angekommen, folgen Sie dem Chemin de la Grande Gouille weiter in Richtung Estavayer-le-Lac. Der Weg führt Sie direkt unterhalb des Schlosses vorbei und mitten in den Ort hinein.

Um Estavayer-le-Lac zu entdecken, folgen Sie dem ausgeschilderten Rundgang über die bemerkenswert gut erhaltenen Befestigungsanlagen. So werden Sie automatisch zu verschiedenen Sehenswürdigkeiten geführt. Lassen Sie im Städtchen gemütlich den Tag ausklingen, bevor Sie mit dem Zug wieder zurückfahren.

Öffnungszeiten: Konsultieren Sie für aktuelle Informationen die Webseite von Alphasurf.
Preise Wasserskilift: 1/2 Stunde: Fr. 22.–/1 Stunde: Fr. 35.–
Nouvelle Plage
Rte de la Plage 1, 1470 Estavayer-le-Lac
Wasserskianlage: Telefon 026 663 50 52
www.alphasurf.ch
Campingplatz: Telefon 026 663 16 93
www.nouvelle-plage.ch

4 Von Yverdon zum Schloss Grandson

Spazieren Sie von Yverdon aus durch den Wald und am See entlang zum mittelalterlichen Schloss Grandson. Von Weitem ist es schon zu sehen, wie es über dem See thront. Sie nehmen es heute ganz offiziell für eine Besichtigung ein. In seinem Innern warten Waffen, Schlachten-Dioramen, Oldtimer und vieles mehr darauf, bewundert zu werden.

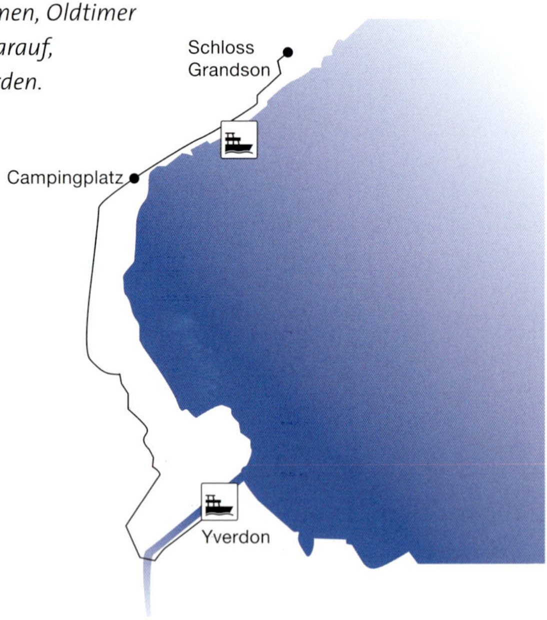

Schloss Grandson

Campingplatz

Yverdon

Route:	Yverdon–Grandson

Länge: 4 km
Höhenmeter: ↑ 30 m, ↓ 30 m
Wanderzeit: 1 Stunde

Anreise: mit dem Zug nach Neuchâtel und von dort mit dem Schiff nach Yverdon
Rückreise: mit dem Schiff von Grandson zurück nach Neuchâtel

Schifffahrtsgesellschaft: Société de Navigation, Telefon 032 729 96 00, www.navig.ch

Mit dem Schiff fahren Sie quer über den Neuenburgersee und landen auf der Thielle, wo sich die Schiffsanlegestelle Yverdons befindet. Gehen Sie ein Stück landeinwärts, bis zur nächsten Brücke und auf der anderen Seite der Thielle auf der Promenade René Berthoud in einem kleinen Park wieder in Richtung See. Falls Sie auf Wanderungen gerne Boule-Kugeln mitschleppen – hier im Park finden Sie dazu die passende Boule-Bahn. Kinder, die sich nach der Bootsfahrt körperlich unausgelastet fühlen, können sich hier auf dem Spielplatz austoben. Im Sommer fährt übrigens nur ein Schiff pro Tag Yverdon an! Also lesen Sie den Fahrplan aufmerksam, um es nicht zu verpassen.

Wenn Sie mit dem Zug nach Yverdon gefahren sind, gehen Sie am Bahnhof nach rechts, bis Sie an die Thielle gelangen. Vor der Brücke wenden Sie sich erneut nach rechts und laufen am Ufer des kleinen Flusses bis zur nächsten Brücke, die Sie überqueren und nun auf der anderen Flussseite weitergehen, bis Sie in den kleinen Park gelangen. Hier im Park steht eine Büste von Jule Sautebin, dessen Künstlername Magier Borosko lautete. 1880 in St-Imier geboren, war er ein Schweizer Zaubergerätehersteller und Uhrmacher, der bis 1920 mit eigenen Zaubershows unterwegs und zu Lebzeiten international als Illusionskünstler bekannt war.

Hinter dem Spielplatz geht es links hinauf auf die Strasse, kurz rechts und in die erste Strasse, die Rue des Mouettes, links hinein. Am Ende der Strasse gehen Sie nach rechts und überqueren die kleine Holzbrücke. Von nun an sind wieder Wanderwegweiser vorhanden. Der Weg taucht in den Wald hinein und führt auf einem schönen kleinen Waldpfad durch die Wildnis. Vom Spätsommer an riecht es hier leicht nach Bier, was nicht an einer lokalen Brauerei, sondern an den zahlreichen wilden Hopfenranken liegt, die nun blühen. Die Spitzen der Ranken gelten im Frühling übrigens als Delikatesse in der Wildkräuterküche.

Der Weg führt abwechselnd durch den Wald und am Waldrand entlang, bis Sie zu einer Kreuzung gelangen, bei der sich einige Schrebergärten befinden. Hier können Sie einen Miniabstecher nach rechts den emporsteigenden Weg hinaufgehen, an dessen Ende sich eine Beobachtungsstation befindet. Steigen Sie auf die Hölzer und versuchen Sie, die Vögel zu erspähen, die in diesem Zugvogelreservat von nationaler Bedeutung bedeutsamen Dingen nachgehen wie rasten, nisten, brüten und ihre Jungen aufziehen. Das flache Ufer und die zahlreichen Sandbänke bieten dafür optimale Bedingungen.

Ab den Schrebergärten teilen Sie sich den Weg für kurze Zeit mit Velofahrern, also «oppjepaass» – wie der Kölner sagen würde – aufgepasst! Für rund 150 m dürfen Sie sich beschweren, weil sogar Autos dazukommen können, deren Passagiere wohl die Kinder zum Fussball bringen oder abholen.

Sie gelangen zur Station Nr. 12 eines Erlebnispfades, hinter der rechts ein kleiner Pfad in den Wald führt. Folgen Sie diesem, denn er führt Sie zum Ufer des Neuenburgersees. Über zwei einladende Grünanlagen mit Picknickgelegen-

Im Wald zwischen Yverdon und Grandson

heit und Kinderspielplätzen und am perfekt gelegenen Campingplatz mit Restaurant vorbei, geht es später wieder hinauf auf die Strasse, und damit auf den Wanderweg.

Auf dem weiteren Weg in Richtung Grandson häufen sich die Cafés und Restaurants. Laufen Sie immer so nah wie möglich am Wasser. Der Weg wird Sie irgendwann wieder nach links hinauf und hinter die direkt am See stehenden Häuser führen. Nehmen Sie dort nicht die erste Unterführung nach links, sondern die zweite, auch wenn der Wanderweg auf der Strasse parallel zum Ufer weiterführt. Biegen Sie danach rechts in die Rue des Jardins ein. Auf diese Weise bekommen Sie noch etwas vom Charme der Gassen Grandsons mit. Um das Haus Nr. 20 gehen Sie rechts herum und folgen dann weiter der Rue des Jardins. An einem weissen Haus folgen Sie dem grünen Pfeil durch eine Holztür und dem braunen Wegweiser in Richtung «Château/Eglise». Weitere grüne Pfeile führen Sie die letzten Meter bis zum Schloss Grandson.

Die Burg wurde 1050 erstmals in einem historischen Dokument erwähnt. Im Spätmittelalter im Jahr 1475 besetzte Bern die Burg, um die Region gegen Burgund zu sichern, was jedoch nicht lange aufrecht-

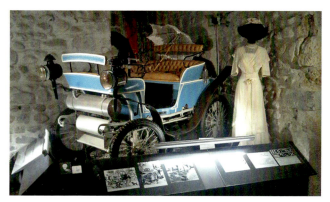

Oldtimer und Vintage im Schloss Grandson

erhalten werden konnte. Schon bald hatte Karl der Kühne Grandson erobert und 1476 kam es dann zur berühmten Schlacht bei Grandson, die die Eidgenossen bekanntermassen gewannen. Teile der wertvollen Burgunderbeute, die die Sieger in den panisch verlassenen Burgunderlagern machen konnten, werden heute im Historischen Museum in Bern ausgestellt.

Im Innern des Schlosses können Sie auf mehreren Stockwerken unter anderem den Rittersaal, eine gut bestückte Waffenkammer mit zahlreichen Rüstungen und anderen Waffen aus der Zeit der Burgunderkriege und die Folterkammer besichtigen. Ein informativer Film nimmt Sie mit auf die Reise durch die Geschichte des Schlosses und der Umgebung. Das Oldtimer-museum im Schloss zeigt sowohl wertvolle historische Gefährte als auch Kleider aus der entsprechenden Epoche, die aus dem Schweizer Modemuseum in Yverdon entliehen wurden. Besonders stolz ist das Museum auf den weissen Rolls-Royce «Phantom I», der früher Greta Garbo gehörte.

Nach dem Besuch des Schlosses Grandson können Sie von der Schiffsanlegestelle Grandson aus wieder an einen Ort Ihrer Wahl schippern.

Öffnungszeiten: Das ganze Jahr geöffnet, April–Oktober: 8.30–18 Uhr November–März: 8.30–17 Uhr
Preise: Fr. 5.– bis 12.–
Informationen:
Château de Grandson, 1422 Grandson Telefon 024 445 29 26
www.chateau-grandson.ch

5 Auf dem Pilgerweg von Twann nach Ligerz ins Rebbaumuseum

Vom malerischen Weinbaustädtchen Ligerz aus wandern Sie eine knappe Stunde auf dem Pilgerweg auf kleinen Pfaden und zwischen Reben hindurch. Die Vinifuni-Bahn bringt Sie auf den Mont Souhait nach Prêles, von wo aus Sie die wunderschöne Sicht auf die umliegende Landschaft geniessen können. Danach geht es ins Rebbaumuseum «Hof», das in dem 1555 erbauten Sitz der Herren von Ligerz zahlreiche Exponate rund um den Weinbau präsentiert.

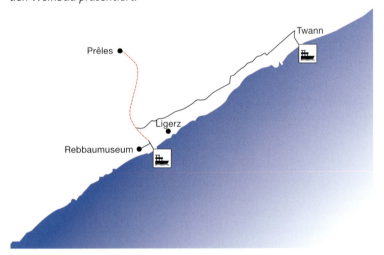

Route: Twann–Kirche Ligerz–Prêles–Ligerz

Länge: 3,5 km
Höhenmeter: ↑ 60 m, ↓ 60
Wanderzeit: 1 Stunde

Anreise: mit dem Schiff oder Zug nach Twann
Rückreise: mit dem Schiff oder Zug ab Ligerz zurück

Schifffahrtsgesellschaft: Bielerseeschifffahrt, Telefon 032 329 88 11, www.bielersee.ch

Twanns kleine Gassen

Mit dem Schiff in Twann angekommen, gehen Sie durch die Unterführung und zunächst immer geradeaus, bis Sie auf die Strasse «Im Moos» gelangen. Auch wenn Ligerz nach links angeschrieben ist, gehen Sie hier zunächst nach rechts und machen einen kurzen Abstecher durch das malerische Twann selbst. Wer jetzt schon Lust auf ein Glas Wein hat, ist in Twann mit seinen zahlreichen Vinotheken am richtigen Ort.

Nachdem Sie sich in den wunderschönen Gässchen am Ortsbild von Twann sattgesehen haben, gehen Sie das kurze Stück zurück. Wenn es links zum Bahnhof ginge, laufen Sie weiter geradeaus der Strasse entlang, vorbei an der alten Mühle sowie dem Restaurant «Ilge». Wenig später führt der Pilgerweg rechts durch ein schmales Gässchen hinauf, vorbei an Hinterhöfen hinein in die Rebberge. Der schmale, aber gemütliche Naturpfad führt Sie von nun an durch die Rebberge mit seinen hauptsächlich angebauten Rebsorten Chasselas und Pinot Noir. Die Pflanzen am Wegesrand sowie die Natursteinmauer der Terrassierung bieten Lebensraum für viele Eidechsen, Schmetterlinge und andere Kleintiere.

Schon bald sieht man von Weitem die Kirche von Ligerz. Wenn Sie sich der Kirche nähern, stellen Sie bald fest, dass der Bau für so ein kleines

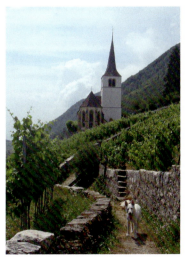

Die Kirche von Ligerz

Sicht vom Mont Souhait auf Ligerz und die St. Petersinsel

Neuveville, der Sie zur Haltestelle «Pilgerweg» der Vinifuni-Bahn bringt (Halt verlangen!). Fahren Sie damit durch die Rebberge, Wälder und Wiesen hinauf auf den Mont Souhait nach Prêles. Auf der Terrasse des Restaurants «La Buvette» können Sie das prächtige Panorama mit dem Bielersee, der St. Petersinsel, dem gegenüberliegenden Ufer sowie dem Berner Mittelland geniessen.

Nach einer Stärkung gehts wieder hinab nach Ligerz – sei es mit dem «Vinifuni» oder auf einem Trottinett, welches man hier bei der Bergstation für eine rasante Abfahrt durch die Rebberge mieten kann. Bei der Talstation angekommen, halten Sie sich rechts und gehen durch das Gässchen «Oberdorf», welches Sie direkt zum Rebbaumuseum «Hof» führt.

Das Museum befindet sich im ehemaligen Freiherrensitz der Herren von Ligerz. Bereits auf dem Aussengelände sehen Sie erste Exponate, welche früher im Rebbau eingesetzt wurden. Wenn Sie das herrschaftliche Haus mit seinen wunderschönen Räumen im Erdgeschoss betreten, finden Sie eine Sammlung von alten Gemälden und Landkarten der Region vor. Weiter hinten befinden sich die grösseren Rebbau-Gerätschaften wie Traubenpressen, Holzfässer,

Dorf wie Ligerz eine stattliche Grösse aufweist. Die Kirche sollte im Spätmittelalter zu einem bedeutenden Wallfahrtsort werden, doch bereits im frühen 16. Jahrhundert führte die Reformation in Bern zu einem schnellen Ende des Pilgerwesens. Übrig geblieben ist die mächtige Kirche an ihrer exponierten Lage inmitten der Rebberge. Rund um die Kirche finden Sie zahlreiche Bänkchen im Schatten der vielen Platanen, welche zu einer Pause verführen.

Hinter der Kirche gehen Sie nicht hinunter nach Ligerz, sondern nehmen den kleinen Pfad rechts hinauf in Richtung Schafis/La

Korkenmaschinen usw. Unter dem mächtigen Dachstuhl liegt ein riesiger Raum, in welchem viele weitere kleinere Gerätschaften ausgestellt sind sowie ausführliche Tafeln, welche einem die Theorie des Rebbaus näherbringen. Die Arbeiten im Jahreslauf werden anschaulich erklärt, und die Geschichte des Rebbaus am Bielersee erzählt. Natürlich wird auch auf die regionalen Spezialitäten wie Marc und Treberwurst eingegangen, die man hier während der Wintermonate geniessen kann.

Nachdem Sie das Rebbaumuseum wieder verlassen haben, gehen Sie den Weg durchs Oberdorf zurück und biegen am Ende der Strasse rechts zur Schiffsanlegestelle ab, von wo aus Sie mit dem Schiff zurück an den Ausgangspunkt Ihres Ausfluges gelangen.

Öffnungszeiten: Von Mai bis Ende Oktober Sa und So 13.30–17 Uhr
Preise: Fr. 6.–
Informationen: Rebbau-Museum Oberdorf, 2514 Ligerz
www.bielersee-events.ch/de/hof

Im Rebbaumuseum

6 Von Erlach zum Swin Golf nach Tschugg

Vom historischen Erlach aus laufen Sie gemütlich über den Jolimont zur Swin-Golf-Anlage in Tschugg. Hier können Sie ohne Vorkenntnisse und mit wenig Regeln die von alten bäuerlichen Spielen abgeleitete Golf-Variante spielen.

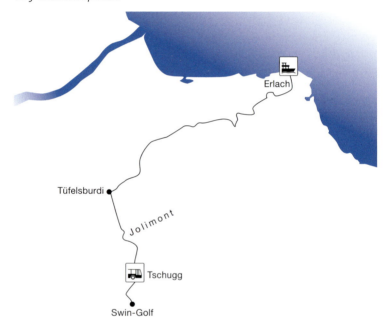

Route: Erlach–Jolimont–Tschugg

Länge: 4,5 km
Höhenmeter: ↑ 170 m, ↓ 110 m
Wanderzeit: 1,5 Stunden

Anreise: mit dem Schiff von Biel nach Erlach
Rückreise: mit dem Bus ab Tschugg via Ins zurück nach Biel

Schifffahrtsgesellschaft: Bielerseeschifffahrt, Telefon 032 329 88 11, www.bielersee.ch

Am Strand von Erlach

In Erlach landen Sie mit dem Schiff ganz im Süden des Bielersees und direkt neben der St. Petersinsel an. Gleich hinter dem Steg befindet sich das Strandbad Erlachs mit seiner grossen Liegewiese. Nach einem erfrischenden Bad im Bielersee können Sie sich auf dem angrenzenden Campingplatz noch einen Kaffee gönnen oder Ihre Kinder auf den Spielplatz schicken, bevor es in Richtung Tschugg geht. Aus Erlach kommt natürlich auch das alte Berner Geschlecht der von Erlach, an die in Bern heute noch der imposante Erlacherhof in der Junkerngasse erinnert, der repräsentative Patriziersitz nach französischem Vorbild.

Aber zurück nach Erlach! Folgen Sie dem Wanderweg in Richtung Jolimont/Gampel, der Sie durch die Altstadt von Erlach führt. An der steilen Altstadtstrasse hinauf zum Schloss befindet sich an der Hausnummer 14 ein Durchgang zu einem Platz mit wunderschöner Aussicht über den Bielersee. Kurz darauf erreichen Sie die alte Schlossanlage von Erlach, durch die der Wanderweg führt. Heute befindet sich hier ein Schulheim. Im Schlosshof finden Sie einen Kasten mit Informationen über die Geschichte des Schulheims, die sehr interessante Details darüber verrät, wie die Knaben im 19. Jahrhundert, die «frühzeitig Anlagen zu sittlichen Gebrechen oder Vergehen kund geben oder deshalb bereits richterlich bestraft worden sind» im Heim lebten. Hinter dem Schlosstor geht es weiter nach rechts und dann in Richtung Tschugg, das auf einem Wegweiser angeschrieben ist. Ein Natur-

Im mittelalterlichen Kern Erlachs

weg, auf dem Sie möglicherweise den Sinn des Lebens finden werden, wenn Sie die Augen gut offen halten, führt Sie auf den Jolimont. Der Jolimont ist ein 4 km langer Hügelzug zwischen dem Neuenburger- und dem Bielersee. Der flache Bergrücken ist wohl durchgehend von Menschen besiedelt worden, wovon Funde von Siedlungsresten aus fast allen Epochen zeugen. Oben auf dem Jolimont angekommen, gehen Sie nach rechts in Richtung Tüfelsburdi. Vom Waldweg aus haben Sie ab und zu Aussicht auf den südlichen Zipfel des Bielersees. Sie könnten theoretisch auch nach links direkt in Richtung Tschugg laufen, wenn Sie es eilig haben und 10 Minuten Umweg zu den Felsen nicht hinnehmen wollen.

Die Tüfelsburdi besteht aus drei grossen Granitblöcken, die vom Rhonegletscher aus dem Val de Bagnes im Wallis hier abgeladen wurden. Frühere Namen sind Heiden- bzw. Druidenstein, die auf die ursprüngliche Bedeutung dieses Ortes Hinweise geben. Es wird davon ausgegangen, dass die Tüfelsburdi seit der Steinzeit ein Ort kultischer Handlungen war. Bei Grabungen im Jahr 1848 wurden in unmittelbarer Nähe der Felsen Kohlereste und Scherben keltischer Töpfereien und Tonskulpturen gefunden. Versuchen Sie die unschönen Bunker zu ignorieren, die in der Nähe der Tüfelsburdi vergeblich versuchen, den Felsen die Show zu stehlen. Die Fundstücke aus den Grabhügeln des Jolimonts können heute im Museum Schwab in Biel besichtigt werden. Falls Sie gerade keine kultische Handlung geplant haben, können Sie an der Tüfelsburdi auch einfach ein Picknick einlegen. Es gibt einige Bänke und Feuerstellen für alle, die jetzt eine Pause brauchen. Am Tüfelsburdi gehen Sie in Richtung Tschugg und gelangen durch einen schönen Hohlweg im Wald hinab in den Ort. Wenn Sie in Tschugg aus dem Wald treten und am Sportplatz und der Gemeindeverwaltung vorbeigelaufen sind, gehen Sie nach rechts und hinter der Parkanlage links den kleinen Weg unter der Brücke hindurch. Nach rund 200 m gelangen Sie zur Swin-Golf-Anlage. Hier kann jeder ohne Vorkenntnisse oder sonstige Einschränkungen

Eingelocht!

den Golfschläger schwingen. Die Bälle sind grösser, die Anlage kein Stück elitär und so lange Sie nicht von einem Ball getroffen werden oder zu verbissenen Ehrgeiz an den Tag legen, steht einem tollen Erlebnis nichts im Weg. Auf 18 Bahnen können Sie Ihr Golf-Glück versuchen und bei Hunger oder Durst im Golferstübli oder der Eichenbar neue Kraft tanken.

Um zurück nach Erlach zu gelangen, können Sie den Bus nehmen. Gehen Sie die Strasse, an der die Autos parken, wieder hinauf und an deren Ende nach rechts. Nach 250 m gelangen Sie zur Haltestelle «Tschugg Post».

Öffnungszeiten: *April–Oktober*
Mo–Fr ab 14 Uhr, Sa/So ab 13 Uhr
Preise: *Fr. 7.– bis 16.–*
Swin-Golf Tschugg
Fam. Tribolet-Pferrer
Jörimätteli 13, 3233 Tschugg
Telefon 032 338 72 75
www.swin-golf.ch

7 Von der Eremitage Arlesheim nach Muttenz an den Rhein

Arlesheim kann sowohl mit seinem Dom als auch mit der Eremitage aufwarten, der verwunschenen Gartenanlage aus dem 18. Jahrhundert. An der Burg Reichenstein vorbei geht es dann über Felder und durch Wälder bis zum alten Ortskern von Muttenz. Hinter einer Brücke, die einen der grössten Rangierbahnhöfe Europas überspannt, gelangen Sie erneut durch den Wald und an den Rhein, wo ein Schiff Sie zurück nach Basel schippert.

Birsfelden

Muttenz

Birs

Münchenstein

Arlesheim

Eremitage

Route: Arlesheim–Eremitage–Burg Reichenstein–Muttenz–Birsfelden Waldhaus

Länge: 10 km
Höhenmeter: ↑ 250 m, ↓ 320 m
Wanderzeit: 3 Stunden

Anreise: mit der Strassenbahn Nr. 10 von Basel in Richtung Dornach bis zur Haltestelle «Arlesheim Dorf»
Rückreise: mit dem Schiff von der Schiffsanlegestelle «Waldhaus» bis nach Basel Schifflände

Schifffahrtsgesellschaft: Basler Personenschifffahrt, Telefon 061 639 95 00, www.bpg.ch

Fahren Sie mit dem Tram Nr. 10 von Basel aus in Richtung Dornach und steigen Sie an der Haltestelle «Arlesheim Dorf» aus. Folgen Sie hier den Wanderwegweisern in Richtung Eremitage. Anfangs laufen Sie durch kleine Strassen von Arlesheim und gelangen als Erstes zum berühmten Arlesheimer Dom. 1681 geweiht, wurde dieser vom Domkapitel des Bistums Basel erbaut, das zwischen 1678 und 1793 hier residierte. Rund 150 Jahre davor hatte das Domkapitel im Exil in Freiburg im Breisgau verbracht, nachdem es Basel wegen des Übertritts zur Reformation 1529 verlassen hatte.

Links vom Dom führt der Weg weiter durch ein idyllisches Quartier und am Restaurant «Zum Domstübli» vorbei. Bald gelangen Sie an den Rand eines Feldes, von wo aus Sie bereits die Burg Birseck erblicken können. Lassen Sie den ersten Wegweiser in Richtung Pratteln unbeachtet und nehmen Sie sich Zeit, die Anlage der Eremitage zu besichtigen. Der verwunschene Ort bietet viele lauschige und geheimnisvolle Plätze, die Sie auf einem Rundgang entdecken können.

Die Eremitage Arlesheim ist ein nach englischem Vorbild gestalteter Landschaftsgarten. Die Anlage mit ihren Höhlen, Weihern und Felsen wurde 1785 eröffnet und leider schon kurz darauf im Jahr 1793 von französischen Truppen zu grossen Teilen zerstört. Das Schloss blieb dabei nicht verschont und ist seither eine Ruine. Kleine Wege ziehen sich durch die Anlage und verbinden lauschige Plätze, Weiher, Höhlen und weitere Entdeckungen. Auf dem «Rundweg Schloss» gelangen Sie auf die andere Seite des Schlosses, laufen bis zur Autostrasse und überqueren diese. Für rund 400 m führt eine asphaltierte Strasse den Hang hinauf zur Burg Reichenstein. Diese können Sie nur von aussen besichtigen. Die Reichenstein war ursprünglich Teil der

Burg Reichenstein

grösseren Befestigungsanlage der vier Birseck-Burgen, von denen nur noch die beiden äusseren Burgen Reichenstein und Birseck erhalten sind. Nachdem Sie die Aussicht an der Burg Reichenstein genossen oder einen der Picknickplätze an der Burg aufgesucht haben, geht es zurück zu den Wanderwegweisern und in Richtung Münchenstein. Am Standort «Spitalholz» gehen Sie nach rechts in Richtung «Meiertum». **Achtung:** In der nächsten Rechtskurve geht mitten in der Kurve ein Weg nach links ab. Folgen Sie diesem und verlassen damit den Wanderweg. Nach rund 70 m ist der kleine Weg zu Ende und trifft auf einen anderen Weg, den Sie links hinunter gehen. Unten treffen Sie auf eine grössere Waldstrasse, der Sie nach rechts hinauf folgen.

Die Wanderwegbeschilderung ist dürftig, Sie folgen einfach immer dem breiten Waldweg. Er wird zu einer asphaltierten Strasse, der Sie folgen, bis ein Wanderwegweiser nach rechts führt. Am Standort «Winterhalden» gehen Sie nach links in Richtung «Muttenz/Rothalde». Am Wanderwegweiser «Rothalde» gehen Sie **nicht** links in Richtung Muttenz, sondern geradeaus. Sie kommen an Gestüten vorbei und werden wahrscheinlich

Burg Birseck

Eingang zur Eremitage

einigen Reitern (und vielleicht auch einer Kutsche) begegnen. Auf Ihrem Weg hinab eröffnet sich Ihnen eine herrliche Sicht auf Deutschland, die Chrischona und natürlich auf Basel.

Am unteren Ende des Grutwegs wenden Sie sich nach rechts und gelangen so in den Dorfkern von Muttenz zur Wehrkirche St. Arbogast. Schon Alemannen sollen hier im 5. Jahrhundert eine Holzkirche gebaut haben. Heute ist sie von einer Ringmauer umgeben und wird von zwei Tortürmen bewacht. Muttenz beherbergt ein Bauernhausmuseum, zu dem Sie gelangen, wenn Sie vor dem Kirchplatz nach rechts abzweigen. Der Wanderweg führt schnurgerade durch Muttenz hindurch. Lassen Sie sich am Kreisel nicht verführen, der grossen «Neue Bahnhofstrasse» zu folgen, sondern folgen Sie der alten Bahnhofstrasse, die rechts von der neuen parallel verläuft. Und wenn Sie – wie ich – bisher dachten, Muttenz würde nur idyllische Wohngegend mit charmanten perfekt renovierten Einfamilienhäusern bieten, dann kommen Sie jetzt auf die Welt, da sich hier auch einer der grössten Rangierbahnhöfe Europas befindet. Sie werden über eine Brücke geführt, die gefühlte Millionen von Gleisen überspannt. Kurz bevor die Brücke die Autobahn überquert, sehen Sie ein Schild, das nach rechts zum Robinson-Spielplatz führt (Mi, Fr ab 13.30 Uhr und Sa geöffnet). Nach der Brücke laufen Sie weiter geradeaus in Richtung «Waldhaus», überqueren die Autostrasse und gehen weiter durch den Wald. An der T-Kreuzung am Ende des

Der Hügel der Eremitage mit seiner Burg

Weges folgen Sie dem Wanderweg nach links zur Schiffsanlegestelle «Waldhaus». Endlich sehen Sie den Rhein, der hier eingeklemmt in sein Flussbett zwischen Deutschland und der Schweiz träge vorbeifliesst. Bald schon gelangen Sie zum Restaurant «Waldhaus», das sehr kinderfreundlich eingerichtet ist und sogar mit einem kleinen Spielplatz aufwarten kann. Hier lässt es sich aufs Schiff warten, das einen zurück nach Basel bringt. Zur Schiffsanlegestelle folgen Sie den Wegweisern in Richtung «Birsfelden Kraftwerk» und hinab an den Rhein.

Ebenfalls in Arlesheim befindet sich das Goetheanum, ein monumentaler Bau aus Sichtbeton, und ein faszinierender Koloss, der fast ohne rechte Winkel auskommt. Der 1928 eröffnete, und von Rudolf Steiner entworfene Bau ist Sitz der Allgemeinen Anthroposophischen Gesellschaft. Die Fertigstellung des nach Johann Wolfgang von Goethe benannten Baus konnte Rudolf Steiner, der 1925 verstarb, leider nicht erleben.

Öffnungszeiten Eremitage und Burg Birseck:
Während des Sommerbetriebs von Mai bis Mitte Oktober sind die Schlossruine Birseck mittwochs und sonntags und die Eremitenklause sonntags von 14 bis 17 Uhr geöffnet. Die Aussenanlage der Eremitage ist jederzeit zugänglich.
http://www.ermitage-arlesheim.ch/

8 Grenzschlängeln in Basels Norden bis zur Papiermühle am Rhein

Den Anfang dieses Ausflugs kann man als Grenzerfahrung bezeichnen. An der Grenze zu Baden-Württemberg wandern Sie auf dem Dreiland-Wanderweg über Riehen nach St. Chrischona und bis in die St. Alban-Vorstadt. Dort befindet sich die Basler Papiermühle, in der der gesamte Herstellungsprozess vom Papierschöpfen über das Schriftgiessen, Setzen, Drucken und Binden unter einem Dach gezeigt wird.

Riehen

St. Chrischona

Birsfelden

Papiermuseum

nkt
ban Tal

Route: Riehen–St. Chrischona–Birsfelden–Basel

Länge: 11 km
Höhenmeter: ↑ 280 m, ↓ 360 m
Wanderzeit: 3 Stunden

Anreise: vom Basler Hauptbahnhof mit S6 bis Riehen (Dorf), von Riehen Bahnhof mit Bus 35 bis Inzlinger Zoll
Rückreise: mit dem Schiff ab Schiffsanlegestelle «Sankt Alban Tal»

Schifffahrtsgesellschaft: Basler Personenschifffahrt, Telefon 061 639 95 00, www.bpg.ch

Wallfahrtskirche St. Chrischona

Am Inzlinger Zoll angekommen, laufen Sie noch ein paar Meter in Richtung Deutschland und folgen den Wanderwegweisern nach rechts. Von nun an befinden Sie sich auf dem Dreiland-Wanderweg mit der Nummer 67, der Sie bis zur Papiermühle führen wird. In einem kleinen Tal überqueren Sie einen idyllischen Bach, den eine Holzbrücke überspannt. Der Weg führt Sie zunächst nach links und dann sanft den Eselberg hinauf, bis zu St. Chrischona. Dort angekommen, befinden Sie sich am höchsten Punkt des Kantons Basel-Stadt. Hier wird schon seit Jahrhunderten die heilige Cristina bzw. Chrischona verehrt, um die sich im Laufe der Zeit die verschiedensten Legenden rankten. Im 15. Jahrhundert wuchs die Bedeutung als Wallfahrtsort und bald bot die alte Kirche den Besucherströmen nicht mehr genügend Platz. Auch schien der kleine Bau nach dem vermeintlichen Fund des Skelettes der immer beliebteren Heiligen nicht mehr angemessen. Der ursprüngliche Turm wurde beibehalten, als das Gotteshaus von 1504 bis 1509 neu gebaut wurde. Daher wirkt der Turm im Vergleich zum restlichen Bau klein und etwas eingesunken. Von der Terrasse der Kirche von St. Chrischona haben Sie eine wunderbare Sicht auf die Jurakette.

Hinter Chrischona gelangen Sie wieder in den Wald und können dort die interessante Beobachtung machen, dass die Grenze nicht nur an den Grenzsteinen sichtbar ist, sondern auch an den hier wachsenden Baumsorten. In Deutschland wachsen primär Tannen, in der Schweiz steht ein mehr oder weniger reiner Laubwald. Im Ort Im Strick gehen Sie weiter geradeaus und weiter an Weiden und Wiesen an der Grenze entlang. Der Weg führt Sie über den Unterberg. Am Wegrand stehen immer wieder Grenzsteine mit dem Basler Wappen auf der einen und dem badischen Schrägbalken auf der anderen Seite. Folgen Sie immer dem Grenzweg, auf dem Sie zwischen Deutschland und der Schweiz hin und her pendeln, wenn man den Positionen der Grenzsteine Glauben schenkt.

Nachdem Sie rund 1,5 km durch den Wald gegangen sind, kommen Sie an eine grosse Feuerstelle. Verlassen Sie hier kurz den offiziellen

Rheinschleuse bei Birsfelden

Wanderweg 67 und gehen Sie weiter geradeaus und durch den idyllischen, naturbelassenen Horngraben hinab. «Vivian» 1990 und «Lothar» 1999 haben in diesem Wald ganze Arbeit geleistet, und so werden Sie über ein paar Bäume steigen müssen, die auf dem Weg liegen gelassen wurden. Die zahlreichen grau übermalten ehemaligen Wanderwegzeichen an den Bäumen weisen noch auf den alten Wanderweg hin.

Wenn Sie aus dem Wald treten, gehen Sie weiter geradeaus und gelangen an die Friedhofsmauern des Basler Zentralfriedhofs am Hörnli. Der Weg 67 führt Sie nach links durch eine Unterführung. Wenn Sie hier rechts abbiegen würden, kämen Sie nach rund 200 m zum Eingang des Basler Zentralfriedhofs. Diese rund 50 ha grosse, symmetrisch angeordnete Anlage aus den 1930er-Jahren beherbergt im alten Krematorium die Sammlung Friedhof Hörnli, in dem Särge, Urnen, Leichenwägen, historische Friedhofsordnungen und weitere Objekte zur Schweizer und Basler Bestattungskultur gezeigt werden. Am Rhein geht es nach rechts in Richtung Basel und kurze Zeit später über eine Reihe von Schleusen und am Kraftwerk Birsfelden vorbei. Bei der Schleuse können Sie mit ein bisschen Glück beobach-

Lumpenstampfwerk in der Papiermühle

ten, wie riesige Frachtschiffe zentimetergenau durch die Schleuse zirkeln. Das Elektrizitätswerk erlaubt durch grosse Fensterfronten freie Sicht auf die Strom erzeugenden Turbinen und diverse Informationstafeln klären alle offenen technischen Fragen. Auf der anderen Rheinseite angekommen, wenden Sie sich nach rechts, passieren verschiedene Parkanlagen, überqueren die Birs und kommen am auf einer Plattform im Fluss stehenden Rheinbad vorbei. Bis zum Museum in der schönen St. Alban-Vorstadt sind es nur noch 700 m.

Das Museum befindet sich in der Gallicianmühle, in der im 15. Jahrhundert die Papierherstellung aufgenommen wurde. Heute wird hier das Papier wie im 18. Jahrhundert von Hand hergestellt und der Weg bis zum fertigen Buch auf vier Stockwerken anschaulich und authentisch vermittelt. Im Erdgeschoss können Sie die manuelle Papierherstellung bewundern und

Ihr eigenes Papier schöpfen, das imposante Lumpenstampfwerk hämmert dazu im Takt. Weiter geht es zu einer wahren Reise durch die Jahrhunderte und ferne Länder – zur Geschichte der Schrift. Alte japanische Schriftrollen und die verschiedensten Siegel und Stempel sind nur ein kleiner Ausschnitt aus der umfangreichen und zugänglich vermittelten Sammlung. Weitere Stockwerke sind ganz dem Druck, der Setzerei und der Buchbinderei gewidmet. An zahlreichen Arbeitsstationen bietet sich Gelegenheit, das alte Handwerk aus nächster Nähe mitzuerleben.

Rund 150 m hinter dem Papiermuseum liegt die Schiffanlegestelle «Sankt Alban Tal», von wo aus Sie zum Beispiel zur Anlegestelle «Basel Schifflände» fahren und Basel aus einer ungewöhnlichen Perspektive entdecken können.

Öffnungszeiten Papiermuseum:
Di–So 14–17 Uhr
Preise: Fr. 8.– bis 12.–
Basler Papiermühle, St. Alban-Tal 37
4052 Basel, Telefon 061 225 90 90
www.papiermuseum.ch

Öffnungszeiten Sammlung Friedhof
am Hörnli:
Jeden 1. und 3. Sonntag im Monat
von 10 bis 16 Uhr

9 Von Gottlieben zum Napoleonmuseum im Schloss Arenenberg

Vom pittoresken Gottlieben aus verläuft ein idyllischer Weg mit fantastischer Sicht auf den Bodensee bis nach Salenstein. Lassen Sie sich in die Zeit Napoleons entführen und besichtigen Sie den Park und das Schloss Arenenberg, in dem Napoleon III. mit seiner Mutter Hortense de Beauharnais zeitweise lebte.

Route: Gottlieben–Triboltingen–Ermatingen–Salenstein–Mannenbach

Länge: 9,5 km
Höhenmeter: ↑ 250 m, ↓ 250 m
Wanderzeit: 3 Stunden

Anreise: mit dem Schiff ab Konstanz bis Gottlieben
Rückreise: mit dem Schiff von Mannenbach zurück nach Konstanz

Schifffahrtsgesellschaft: Schifffahrt Untersee und Rhein, Telefon 052 634 08 88, www.urh.ch

Kurz bevor Sie die Schiffsanlegestelle des kleinen herzigen Örtchens Gottlieben anlaufen, fahren
Sie am Schloss Gottlieben vorbei,
das direkt am See liegt. Ein paar
interessante Informationen darüber finden Sie auf Seite 49.
Ehe Sie an der Schiffsanlegestelle
nach rechts in Richtung Salenstein
laufen, gehen Sie in Gottlieben zunächst nach links und zwischen
den Hotels «Drachenburg» und
«Waaghaus» hindurch, um die
reich und kunstvoll verzierten Gebäude zu bewundern. Auch im übrigen Teil Gottliebens stehen zahlreiche sehenswerte alte Gebäude

Anlegestelle Gottlieben

und es lohnt sich, hier nach Lust
und Laune vom Wanderweg abzu-
schweifen und eine Parallelstrasse
weiter links zu laufen. So sehen Sie
mehr von diesem kleinen einladenden Ort. Der Wanderweg führt
Sie an der Fabrik zur Herstellung
der Gottlieber Hüppen vorbei, das
auch ein kleines Café hat. Hier können Sie die traditionsreiche Knab-
berei in allen Varianten kaufen.
Hinter Gottlieben beginnt das
Ried. Grosse alte Weiden und andere Bäume sind die Reste des
ehemals grossen Auenwaldes. Sie
kommen an einem Infanteriebun-
ker vorbei, der Teil des breiten Fes-
tungsgürtels ist, der sich bis nach
Bottighofen am westlicheren Bo-
denseeufer zieht. Da der Weg auf

der Via Rhenana verläuft, geht es
hinter dem Bunker links hinauf und
über den Bahnübergang. Die Kapelle von Triboltingen stammt aus
dem 13. Jahrhundert, was Sie noch
an den Rundbögen erkennen können. Der Dachaufbau von 1602 mit
seinem ausladenden Spitzhelm
war eine Zeit lang das Wahrzeichen des Ortes. Im Innenraum finden Sie Reste von mittelalterlichen
Wandmalereien. Hinter der alten
Kapelle führt der Wanderweg
links den Hang hinauf. Zwischen
Triboltingen und Ermatingen haben Sie eine herrliche Aussicht
über den Untersee und auf die Insel Reichenau. Sobald Sie die ersten
Häuser des nächsten Ortes Erma-

tingen erreichen, halten Sie sich bei der nächsten Wanderweggabelung links.

An einem kleinen Rosenlehrpfad sind zahlreiche Sorten gepflanzt worden, die Sie sonst nur selten sehen können. Kriechende Rose, Reichstachlige Rose, Filzige Rose, Apfelrose, Johannesrose, Südalpine Rose, Weinrose sind nur ein paar Namen der speziellen und eher untypischen Rosensorten. Beachten Sie die Stacheldrahtrose – das wehrhafteste Gewächs weit und breit! – mit ihren grossen pinkfarbenen Monsterstacheln. Im Neuguet betreten Sie wieder den Wald und kommen an einem kleinen Wasserfall vorbei. Oberhalb des Unternehmerforums Lilien-

berg geht es rechts in den Lilienbergweg (bei unserer Wanderung war hier kein Wanderwegweiser ersichtlich).

Kurz bevor Sie zum Schloss Salenstein kommen, durchqueren Sie das Gelände des Sortengartens des Bildungs- und Beratungszentrums Arenenberg. Hier können junge Menschen Ausbildungen in der Landwirtschaft und im Musikinstrumentenbau absolvieren und schon im Beruf stehende Landwirte sich beraten lassen, zum Beispiel, wenn sie von konventioneller auf biologische Landwirtschaft umstellen möchten. Sie laufen am Übungsfeld der Fruchtfolgen vorbei. Auf den Parzellen bauen die Schüler Ackerkulturen an und ver-

Bei Triboltingen

suchen, diese bis zur Ernte am Leben zu erhalten. (Wenn die mal eine wirkliche Herausforderung suchen, ich würde ihnen meine Orchideen für eine Woche ausleihen!) Von hier oben können Sie nun übrigens gut die Stiftskirche St. Georg erkennen, die im Osten der Insel Reichenau steht.

Jetzt sind Sie schon beinahe beim Schloss. Wenn Sie noch einen Schlenker durch den Schlosspark machen möchten, gehen Sie quer über den Parkplatz, rechts an den Bienenhäusern vorbei und hinab in den Park. Hinter dem Holzhäuschen, der Eremitage, führt Sie entweder die Treppe hinauf zum Schloss oder Sie gehen weiter in einem Bogen durch den Park und gelangen auch so hinauf.

In diesem Schlösschen verbrachte Napoleon III. mit seiner Mutter Hortense de Beauharnais seine wichtigsten Lebensjahre. Die gartenvernarrte Königin ließ den Landschaftspark anlegen und das Schloss von 1817 bis 1819 zu dem heutigen Bijou umbauen. Ihre Zeitreise ins 19. Jahrhundert beginnt direkt nachdem Sie über die Schwelle des Schlosses getreten sind. Die kostbaren Böden, Tapeten und Möbel vermitteln das Gefühl, das Schloss sei noch bewohnt und man wäre auf einen Tee im Wintergarten zu Besuch. Sie können frei durch sämtliche Räume wandeln, durch die verschiedenen Salons, das Musikzimmer, die Bibliothek, den Speisesaal, das schlichter eingerichtete, aber vielleicht gerade

Sicht auf die Insel Reichenau

Eremitage im Schlosspark Arenenberg

deshalb so unglaublich schöne Arbeitszimmer der Königin, die Schlafzimmer und den edlen Salon der Kaiserin. Jedes Jahr zeigt das Napoleonmuseum zusätzlich eine liebevoll gestaltete Sonderausstellung. Vom 15. April bis 23. Oktober 2011 wird es das Thema «Eau et Toilette! Waschen, Kleiden, Duften» sein, bei welchem die Pflege und Hygienegewohnheiten von der ausgehenden Renaissance bis zum beginnenden 20. Jahrhundert beleuchtet werden.

Hinter dem Museum gelangen Sie wieder auf den Wanderweg und spazieren durch Rebhänge hinunter nach Mannenbach. Am dortigen Bahnhof angekommen, überqueren Sie die Strasse, gehen weiter nach links und stehen nach rund 300 m an der Schiffsanlegestelle. Auf der Terrasse des Hotels «Am See» lässt es sich bei perfekter Seesicht gemütlich auf das Schiff warten.

Im Westen des Schlosses Arenenberg befindet sich der Rebsorten-Garten mit rund 50 Sorten. Den hier gekelterten Wein können Sie im Bistro Napoleon probieren.
Öffnungszeiten: *Wintermonate: Mo: Ruhetag, Di–So 10–17 Uhr,*
Kassenschluss: 16.30 Uhr. Ostern bis Mitte Okt. Mo 13–17 Uhr, Di–So 10–17 Uhr
Kassenschluss: *16.30 Uhr*
Preise: *Fr. 5.– bis 12.–*
Weitere Informationen: *Napoleonmuseum Thurgau*
Schloss und Park Arenenberg, 8268 Salenstein, Telefon 071 663 32 60
www.napoleonmuseum.tg.ch

10 Reif für die Insel Reichenau!

Auf der Insel Mainau waren Sie vielleicht schon mal – aber kennen Sie die Insel Reichenau? Hier gibt es weniger Schlösser, Palmen und Tulpen, dafür mehr Klostergeschichte, Tomaten und Gurken. Das heute sowohl für seine historischen Bauwerke als auch als Gemüseinsel bekannte Eiland ist UNESCO-Weltkulturerbe. Schon 723 wurde hier von einem Wandermönch ein Kloster gegründet, welches zu einem der wichtigsten der Karolingerzeit wurde. Der Ausflug bietet eine optimale Mischung aus Kultur- und Naturerlebnis zwischen den historischen Gebäuden, wildem Ried, knorrigen Weiden und kultiviertem Land, auf dem das berühmte Reichenauer Gemüse angebaut wird.

Route: Schifflände Reichenau–Mittenzell–Niederzell–Schifflände Reichenau

Länge: 6,5 km
Höhenmeter: ↑ 50 m, ↓ 50 m
Wanderzeit: 2 Stunden

Anreise: mit dem Schiff ab Konstanz bis zur Insel Reichenau
Rückreise: mit dem Schiff von der Insel Reichenau zurück nach Konstanz

Schifffahrtsgesellschaft: Schifffahrt Untersee und Rhein, Telefon 052 634 08 88, www.urh.ch

Schloss Gottlieben

Beginnen Sie Ihre Schiffsreise in Kreuzlingen oder Konstanz. Auf dem kurzen Stück über den Bodensee können Sie so die Hausfassaden der Konstanzer Seestrasse bewundern – eine der teuersten und schönsten Ecken von Konstanz. Und schon geht es links weg in den Seerhein, an den Resten der Konstanzer Stadtbefestigung in Form des Rheintorturms und Pulverturms vorbei. Zur Rechten sehen Sie das denkmalgeschützte Rheinstrandbad aus den 30er-Jahren. Das Minarett gehört zur Mevlana-Moschee der offenen muslimischen Gemeinde von Konstanz, die sozial und kulturell sehr engagiert ist.

Unmittelbar nachdem Sie die letzten Häuser von Konstanz hinter sich gelassen haben, fahren Sie an ersten Riedgebieten vorbei, die später ins grosse Schutzgebiet Wolmatinger Ried übergehen. Bevor Sie die Schiffsanlegestelle des herzigen Örtchens Gottlieben anlaufen, streifen Sie fast das Schloss Gottlieben, das direkt am See liegt. Leider ist es privat und kann nicht besichtigt werden – Sie bekommen vom Schiff aus die bestmögliche Sicht auf das beeindruckende Anwesen aus dem 13. Jahrhundert. Was die dem See zugewandte Seite des Schlosses besonders schmückt, sind die gotischen Fenster. Diese wurden jedoch erst im 19. Jahrhundert hier eingebaut. Ursprünglich stammen sie aus dem Kreuzgang des Konstanzer Münsters, das jedoch 1824 einem Brand zum Opfer fiel.

Auf der Insel Reichenau angekommen, gehen Sie geradeaus die Strasse hinauf, die Sie quer über die Insel führt. Sie gehen an der Unteren Rheinstrasse rechts und bei der ersten Gelegenheit wieder links. Auf der Insel sind die Sehenswürdigkeiten sehr gut ausgeschildert und es geht rund 1 km, bis Sie am Museum und am Münster ankommen. Wenn Sie in der Häfelishofstrasse angekommen sind, geht es weiter nach rechts. Gehen Sie nun zuerst weiter durch die Hirschengasse in Richtung Museum. Es befindet sich auf dem Dorfplatz «Ergat» im alten Rathaus gegenüber der grossen Linde, einer 700-jährigen Vertreterin ihrer Art.

Das Museum entführt Sie in die faszinierende Geschichte des Klosterlebens auf der Insel. Während rund 300 Jahren war das Kloster ein Zentrum für Schrift und Buchmalerei und die hier entstandenen Bücher waren bei Kaisern und Bischöfen gleichermassen begehrt. Nach dem Besuch der Ausstellung wird die kulturgeschichtliche Bedeutung der Reichenau erst richtig fassbar. Im angegliederten Museumscafé finden Kaffeedurstige Erlösung ihrer Leiden.

Vom Museum aus gehen Sie auf der anderen Seite des Ergats nach links in die Pirminstrasse (dieser Pirmin war übrigens im Jahr 724 der Gründer des Klostes Reichenau) und einige Meter nach der Touristinfo rechts in die Burgstrasse. Nach einigen Metern kommen Sie so zum Münster mit seinem schönen Innenhof. Eine Besonder-

St. Peter und Paul in Niederzell

heit ist der Kräutergarten des Walahfrid Strabo hinter dem Münster. Folgen Sie weiter der Burgstrasse, bis rechts die Haitostrasse abgeht und folgen Sie dieser bis zum rustikalen Hafenrestaurant (wer das Angebot nicht verlockend findet: in rund 500 m kommt ein weiteres Restaurant). Gehen Sie dort erneut rechts, dann gelangen Sie zum Kräutergarten von Walahfrid Strabo.

Walahfrid war 842–849 Abt auf der Insel Reichenau, der mit dem «Hortulus» eine Anleitung für den Gartenbau und ein wichtiges historisches Zeugnis hinterlassen hat. In seinem Kräutergarten wachsen heute dieselben Pflanzen, die er in seinem Werk beschrieben hat: weisse und andere Lilien, verschiedenen Minzesorten, Salbei, Eberraute, Rosen, Schlafmohn, Flaschenkürbis, Wermut, Sellerie, Stabwurz, Iris und viele weitere Pflanzen. Neben den Pflanzen sind die jeweiligen Verse abgedruckt, mit denen Walahfrid die Besonderheiten der Pflanzen in seinem «Hortulus» beschrieben hat. Wenn Sie Saatgut aus dem Klostergarten erwerben möchten – und sich nicht bei Nacht und Nebel hier im Garten am Fenchel vergehen wollen – das Reichenauer Gärtnercenter am Vögelisberg 1 verkauft es.

Gartenhäuschen wie aus dem Bilderbuch

Nach dem kurzen Ausflug in die Welt der Heil- und Küchenkräuter gehen Sie das kurze Stück zurück zum Hafen und von dort aus links am Ried entlang. Sie sind nun wieder auf dem Inselrundweg, der nun fast immer in unmittelbarer Ufernähe die Westküste der Insel entlang führt. Immer wieder passieren Sie uralte Weiden, bei denen sich die Frage aufdrängt, welche Gesetze der Statik hier umgangen wurden, sodass diese Bäume noch stehen. Nur rund 500 m hinter dem Hafen befindet sich das Reichenauer Strandbad, in dem es auch ein Restaurant gibt. Wenn Sie gerne entspannt baden möchten, sollten Sie das Strandbad wählen. An vielen anderen Orten sind die Strände privat oder wegen des Rieds nicht zugänglich. Die zwei Euro sind es wirklich wert. Folgen Sie hinter dem Strandbad weiter dem Uferweg, der Sie jetzt so richtig «ins Schilf» führt. Achten Sie, wenn Sie zu den nächsten Häusern kommen, auf die Zeichen am Boden. Fast auf dem äussersten Zipfel der Insel steht die Kirche St. Peter und Paul, neben der sich ein weiteres Gebäude des Inselmuseums befindet, das einem speziellen Fund gewidmet ist: der Chorschranke aus der Karolingerzeit.

Südlich von Niederzell laufen Sie auf kleinen Pfaden zwischen Privatstränden, hübschen Häusern und natürlich immer wieder Gewächshäusern vorbei. Am Campingplatz «Sandseele» können Sie alle möglichen Boote ausleihen, vom Tret-, Ruder- oder Motorboot bis zum Kanu, um den See selbstständig zu erkunden. Rund 1,5 km hinter dem Campingplatz erreichen Sie wieder die Schiffsanlegestelle «Reichenau», und können auf einer der Hotelterrassen noch etwas ausruhen, während Sie auf das Schiff warten.

Schon fast wieder an der Anlegestelle

Die zahlreichen kleinen Stände, an denen Sie frischstes Obst und Gemüse kaufen können, laden immer wieder zu Snacks wie einem Bund Radieschen, einer Schale Tomaten oder ein paar Gurken ein.

Auf der Insel Reichenau fährt ein «Inselbus», für den Sie einmalig 5 Euro bezahlen und den ganzen Tag lang ein- und aussteigen können, wo Sie möchten. Für den Fall, dass Sie weniger laufen und mehr Sehenswürdigkeiten abklappern möchten, der Bus hält auch an der Schiffsanlegestelle

Öffnungszeiten Museum: April–Oktober: Di–So 10.30–16.30 Uhr, Juli und August: Di–So 10.30–17.30 Uhr, November–März: Sa, So und Feiertage 14–17 Uhr

Eintrittspreise: € 1,5–3

11 Von den Pfahlbauern in Unter-uhldingen nach Meersburg

Das älteste Freilichtmuseum Deutschlands liegt in Unteruhldingen am Bodensee und ist alles andere als angestaubt! Diverse Pfahlbau-siedlungen aus der Stein- und Bronzezeit (4000–850 v. Chr.) am Bodensee wurden hier nachgebaut und warten darauf, von Ihnen entdeckt zu werden. Nach dem Ausflug in die ferne Vergangenheit laufen Sie über kleine Waldwege und hinter Reb-hängen entlang nach Meersburg mit seiner einmaligen Altstadt.

Route: Unteruhldingen–Meersburg

Länge: 6,5 km
Höhenmeter: ↑ 130 m, ↓ 130 m
Wanderzeit: 2 Stunden

Anreise: mit dem Schiff von Konstanz nach Unteruhldingen
Rückreise: mit dem Schiff von Meersburg zurück nach Konstanz

Schifffahrtsgesellschaft: Schweizerische Bodensee-Schifffahrt, Telefon 071 466 78 88, www.bodensee-schiffe.ch

Rekonstruierte Pfahlbauten

Fahren Sie mit dem Schiff über den schönen Bodensee nach Unteruhldingen. An der Schiffsanlegestelle halten Sie sich links und gelangen direkt zu einer kleinen Parkanlage, hinter der viele Restaurants mit einladenden Terrassen liegen. Im Hafenbecken können Sie sich selbst als Kapitän eines Tretbootes oder führerscheinfreien Motorbootes versuchen. Schiff ahoi! Des Weiteren passieren Sie eine Minigolfanlage und einen Kinderspielplatz, der direkt am See liegt. Nach wenigen Metern gelangen Sie direkt zum Eingang des Pfahlbaumuseums.

Deutschlands ältestes Freilichtmuseum, das 1922 seine Tore öffnete, vermittelt auf spannende und anschauliche Art die Lebensweise der Pfahlbauer von der Stein- bis in die Bronzezeit. Verschiedene Häuser und Siedlungen aus den Epochen zwischen ca. 4000 v. Chr. bis ca. 850 v. Chr. machen das Leben der Menschen sowie die handwerkliche Entwicklung während dieses Zeitraums greifbar. Interessante Exponate wie Alltags- und Ritualgegenstände in den Hauptgebäuden geben tiefe Einblicke in das Leben der damaligen Bodenseebewohner. Mit einem fachkundigen Führer, der die historischen Zusammenhänge nochmals erklärt, entdecken Sie den wohl spannendsten Teil des Museums, die Pfahlbauten selbst!

Nach diesem Ausflug in die frühzeitliche europäische Siedlungsgeschichte begeben Sie sich auf den Weg nach Meersburg. Bevor es jedoch so weit ist, sind zuerst abwechslungsreiche 5 km durch Wälder, Tobel und Weinberge zu bewältigen. Vom Museum aus gehen Sie den Weg zurück in Richtung der Schiffsanlegestelle, an den Restaurants vorbei und biegen hinter dem Hotel «Al Porto» links in die Schulstrasse ein. Nach der Touristeninformation biegen Sie rechts in die Bergstrasse ein und überqueren die Bundesstrasse. Im weiteren Verlauf der Bergstrasse sehen Sie auf der linken Strassenseite einige Eingänge zu Felsenkellern, den CO_2-neutralen Vorfahren unserer Kühlschränke. Schon bald gabelt sich der Weg – halten Sie sich rechts und folgen Sie dem Wegweiser «Unterer Waldweg». Auch hier sehen Sie erneut Eingänge zu einigen Felsenkellern. Die Waldstrasse führt Sie durch ein Wohnquartier, bis Sie kurz vor dem Waldrand zuerst links und hinter dem Haus Nr. 105 gleich wieder rechts abbiegen müssen, um den schmalen Waldweg zu finden. Im Wald ist der Weg gut beschildert, auch wenn man manchmal an Gabelungen etwas die Bäume nach den Zeichen absuchen muss.

Wenn Sie aus dem Wald heraustreten und zum Haus Nr. 23 gelangen, gehen Sie die kleinen Treppen links hinauf und auf dem kleinen Weg weiter. Nachdem Sie die aus dem Baumstamm gehauene Treppe hinab gekommen sind, gehen Sie zunächst kurz links und nach

wenigen Metern wieder rechts in den Wald und hinunter ins Tobel, wo Sie eine Brücke überqueren. Sie treten dann wieder aus dem Wald heraus und gelangen auf den Glashäusleweg. Hier stehen nun wunderschöne Häuser mit fantastischer Sicht über die Reben und auf den See. Sie laufen immer hinter den Häusern entlang und gelangen auf den Droste-Hülshoff-Weg. Anette von Droste-Hülshoff war eine bedeutende deutsche Dichterin, deren wohl bekanntestes Werk «Die Judenbuche» ist. Sie lebte einige Jahre auf der Meersburg, verfasste dort zahlreiche Gedichte und starb schliesslich 1848 auch auf der Burg. Ihr Zimmer kann man bis heute besichtigen.

Picknickplatz im Tobel auf dem Weg nach Meersburg

Abendstimmung am Bodensee

Hinter der Pension mit dem wenig werbewirksamen Namen Ödenstein gelangen Sie zu einer kleinen Aussichtsplattform mit Alpenzeiger, auf dem der Bodensee aus einer ungewöhnlichen Perspektive zu sehen ist. Dahinter geht es steil hinunter und über die Treppe durch die Reben. Sie haben hier eine wunderschöne Aussicht auf den Bodensee und sehen bald schon das Wahrzeichen von Meersburg. Sie kommen den Himmelbergweg hinunter, gehen durch die Unterführung, und sind im historischen Teil von Meersburg angelangt. In Meersburg können Sie so viel anstellen, dass es für drei weitere Tage langen würde: Droste-Museum, Zeppelinmuseum, Weinbaumuseum, Neues Schloss, Burg Meersburg, durch die Altstadt schlendern, Bibelgallerie usw. bieten für jeden Geschmack etwas. Von hier aus können Sie Meersburg auf eigene Faust entdecken. Es ist klein genug und die Sehenswürdigkeiten sind hervorragend beschildert. Wenn Sie noch genug Zeit haben, gehen Sie also geradeaus in die Oberstadt und zur Burg Meersburg, ansonsten rechts hinab zur Schiffsanlegestelle.

Öffnungszeiten: April–September täglich von 9 bis 19 Uhr geöffnet (letzte Führung 18.30 Uhr), Öffnungszeiten während der übrigen Monate finden Sie auf der Webseite.
Preise: € 5.– bis 7.50
Informationen: Pfahlbaumuseum Unteruhldingen Bodensee Freilichtmuseum und Forschungsinstitut Strandpromenade 6 88690 Uhldingen-Mühlhofen, Ortsteil Unteruhldingen Telefon +49 (0)7556 92890-0 www.pfahlbauten.de

12 Vom Konstanzer Hafen zu Fuss auf die Insel Mainau

Dieser Spaziergang am Bodensee verläuft durch einige der schönsten Strassen von Konstanz. Wer zu Fuss auf die Mainau läuft, kommt auch durch Gegenden, die noch nicht einmal jeder Konstanzer kennt.

Von imposanten Villen bis zu alten Felsenkellern und über das Gelände des beliebtesten Konstanzer Freibades verläuft der Weg zur Blumeninsel Mainau, die von Frühling bis Herbst immer ein Erlebnis ist!

Route: Konstanz Hafen–Seestrasse–Freibad Horn–Staad–Egg–Mainau

Länge: 13 km
Höhenmeter: ↑ 130 m, ↓ 130 m
Wanderzeit: 3,5 Stunden

Anreise: mit dem Schiff oder Zug nach Konstanz
Rückreise: mit dem Schiff von der Insel Mainau zurück nach Konstanz

Schifffahrtsgesellschaft: Schweizerische Bodensee-Schifffahrt, Telefon 071 466 78 88, www.bodensee-schiffe.ch

An der Seestrasse

Wenn Sie mit dem Schiff in Konstanz ankommen, landen Sie im sogenannten «Klein Venedig». In diesem Teil von Konstanz haben in den letzten Jahren viele neue Restaurants und Bars eröffnet, die nun um Ihre Gunst buhlen.

Gehen Sie am Ufer nach rechts und folgen Sie immer dem Seeufer. Sie kommen sehr bald ans Konstanzer Konzilgebäude. Das Konzil von Konstanz fand während der Jahre 1414–1418 statt. Es sollte die abendländische Kirche wieder vereinen, die sich gespalten hatte, nachdem mehrere Personen Anspruch auf die Papstwürde erhoben hatten. Im bis heute erhaltenen Konzilgebäude fand die Wahl des Papstes statt, aus der Martin V. als Sieger hervorging. Das nahe gelegene Konstanzer Wahrzeichen, die sich drehende Imperia, ist mittlerweile jedoch wohl bekannter als das Konzil selbst, wobei die Statue auf dieses Ereignis Bezug nimmt. Imperia hält in der einen Hand den Kaiser und in der anderen den nackten Papst. Die Maitresse hat hier eindeutig die Macht – Sie können sich vorstellen, welchen Aufruhr die Errichtung dieses wohl grössten Denkmals einer Prostituierten im Jahr 1993 gegeben hat! In einer Erzählung von Honoré de Balzac finden Sie das literarische Vorbild für die Skulptur, eine Erzählung über die Kurtisane Impéria, die während des Konzils in Konstanz den Mächtigen die Köpfe verdreht und sich als deren heimliche Herrscherin entpuppt.

Sie laufen weiter am Seeufer entlang, über die Brücke und auf der anderen Seite rechts auf die Seestrasse (nicht durch die Unterführung!). Diese Strasse ist eine der schönsten von Konstanz. Sie führt an imposanten Villen vorbei zur Konstanzer Schmugglerbucht. Rund 3 km nach der Brücke gelangen Sie auf das Gelände des weitläufigen Konstanzer Freibades «Hörnle», *dem* Ort zum Baden in Konstanz. Hinter dem «Hörnle» gelangen Sie kurz in ein Waldstück und danach auf dem Emanuel-von-Bodman-Weg in einen Park. Wenn Sie die Loretto-Kapelle auf dem Staderberg besichtigen möchten (ca. 30 Minuten Zeitaufwand inkl. Umweg), gehen Sie am Ende des Parks, bevor Sie in den Haltnauer Weg kommen, links hinauf, biegen in die zweite Strasse (Lindauer Strasse) links ein, und folgen von dieser aus rechts dem Lorettosteig hinauf zur Kapelle. Sie können hier wertvolle Freskenfragemente besichtigen. Eine Inschrift nennt den Grund für die Errichtung der Kapelle: «Bedrängt von den schwedischen Heerscharen unter General Horn, gelobten 1632 die Bürger von Konstanz [...] den Bau einer Loretto-Kapelle und siehe, den Gläubigen ward nach schwedischer Belagerung Hilfe.» Der Loretto-Kult war im 17. und 18. Jahrhundert stark verbreitet, als Marien-Wallfahrten für die Gläubigen immer bedeutender wurden. Für diejenigen, denen eine Pilgerreise über die Alpen nach

An der Loretto-Kapelle

Blütenpracht auf der Mainau

Loreto bei Ancona nicht möglich war, wurden nördlich der Alpen Loretto-Kapellen nach Vorbild der ursprünglichen Kapelle erbaut.

Um weiter in Richtung Mainau zu kommen, gehen Sie am Ende des Parks einfach geradeaus weiter in den Haltnauer Weg. An der Fischerstrasse wenden Sie sich nach rechts, hinunter zum See. An der Fähre Konstanz–Meersburg angekommen, gehen Sie links hinauf, überqueren die Fahrbahn und biegen rechts in die Hoheneggstrasse ein. Auf der linken Seite sehen Sie bald schon die ersten Felsenkeller, die bis heute als Lagerräume dienen. Die Ruppaner-Brauerei thront über dem Überlingersee, und kann nach Voranmeldung besichtigt werden (Tel. +49 (0) 7531 937 30). Direkt nebenan können Sie im Restaurant «Hohenegg» auf der Terrasse das frisch gebraute Bier mit Sicht auf den See geniessen. Die Weinhandlung zum Felsenkeller, an der Sie kurz hinter der Brauerei vorbeikommen, liegt zwar alles andere als zentral in Konstanz, sie hat aber mit ihrem Verkaufsraum in einem Felsenkeller sicherlich das aussergewöhnlichste Ambiente.

Sie befinden sich momentan auf einem Teilstück eines Radweges – also Vorsicht! Aber es ist ein Spazier- und Radweg – Sie dürfen auch hier sein!

Sie durchqueren ein idyllisches Gebiet mit Feldern mit altem Obstbaumbestand und alten Häusern mit grossen, beneidenswerten Gärten. Auf der rechten Seite sehen Sie mittlerweile auch die Insel Mainau vor sich im See liegen. Wenn die Hoheneggstrasse endet, möchte man instinktiv rechts in Richtung See abbiegen, dies ist aber eine Sackgasse. Sie gehen also links in die Bachgasse und nach ca. 120 m wieder rechts in die Mainaustrasse. Hinter dem Limnologischen Institut (falls Sie sich auch fragen, was das sein soll, hier die Lösung: es ist die Wissenschaft der Ökologie von Binnengewäs-

Zahllose Schmetterlinge umflattern Sie im Schmetterlingshaus.

sern!) gelangen Sie in die Graf-Lennart-Bernadotte-Allee, die Sie zur Insel Mainau führt.

Die Insel Mainau ist *die* Erholungs- und Genussinsel im Bodensee schlechthin. Mit ihren unglaublich gepflegten 45 ha Parkfläche begeistert sie vom Frühling bis in den späten Herbst immer in einem neuen Blütengewand. Aufgrund des milden Bodenseeklimas wachsen hier viele mediterrane Pflanzen, und die Mammutbäume, die hier stehen, sind die ältesten Europas. Das grosse Schmetterlingshaus mit seinem Wasserfall und den über 80 Schmetterlingsarten, die frei in der 100 m² grossen Anlage umherfliegen, ist eine der zahlreichen Sehenswürdigkeiten, deren Beschreibung den Rahmen dieses Buches sprengen würde. Aber etwas sei gesagt: Sogar

wenn die Mainau voller Besucher ist – wer will, findet in der weitläufigen Insel immer ein stilles Fleckchen, wo er die Ruhe der Natur geniessen kann. Auf der Insel Mainau existiert eine Schiffsanlegestelle, Sie können von hier also bequem mit dem Schiff zurück nach Konstanz, Kreuzlingen usw. fahren.

Öffnungszeiten: Von Sonnenaufgang bis Sonnenuntergang
Preise: Kinder bis 12 Jahre gratis, Erwachsene je nach Saison € 7.– bis 15.–, diverse Vergünstigungen für Familien, Studenten usw.
Informationen:
Telefon +49 (0) 7531 303-0
www.mainau.de
Sie können Ihre Tickets auch zu Hause ausdrucken, dann müssen Sie nicht an den Kassen anstehen.

13 Vom Greifensee aus ins Freizeitcenter «Milandia»

Von der Schiffsanlegestelle «Fällanden» führt Sie ein kurzer Weg zum Milandia, wo Sie in riesigen Hallen klettern, im Naturbad schwimmen, auf dem Minigolfplatz einlochen oder in der Wellnessabteilung entspannen können. Danach geht es nach Greifensee, von wo aus das Schiff wieder ablegt.

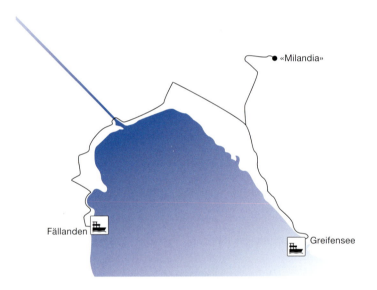

Route: Fällanden–Schwerzenbach–Greifensee

Länge: 5 km
Höhenmeter: ↑ 30 m, ↓ 30 m
Wanderzeit: 1,5 Stunden

Anreise: mit dem Schiff nach Fällanden
Rückreise: mit dem Schiff von Greifensee zurück

Schifffahrtsgesellschaft: Schifffahrts-Genossenschaft Greifensee, Telefon 044 980 01 69, www.sgg-greifensee.ch

Herbstlicher Greifensee

Wenn das Schiff in Fällanden anlegt, gelangen Sie direkt bei der Anlegestelle an den ersten kleinen Rastplatz mit Grillstelle inmitten des Schilfgürtels, der sich rund um den Greifensee zieht. Am Landungssteg gehen Sie für wenige Meter geradeaus und folgen dann am Ende der Hecke dem Weg rechts, wo Sie auch bald auf den ersten Wanderwegweiser treffen. Der Weg führt Sie weiter an dem nächsten Rastplatz vorbei. Hier steht Ihnen nicht nur eine weitere Grillstelle zur Verfügung, sondern hier ist auch eine der wenigen Gelegenheiten, im See zu baden.

Von nun an folgen Sie immer dem Wegweiser in Richtung Greifensee, rund um das obere Ende des Sees. Der grösste Teil des kurzen Weges führt Sie durch das wunderschöne Natur- und Vogelschutzreservat «Greifensee», welches als grösstes Naturschutzgebiet des Kantons Zürich einer Vielzahl von einheimischen Vögeln sowie Zugvögeln als Lebensraum dient. Der Weg führt Sie immer mal wieder näher ans Ufer heran und dann wieder in einem Bogen um das Ried herum. Zwischendurch haben Sie dann und wann die Möglichkeit, von einem ins Wasser hinausragenden Steg aus die verschiedenen Bewohner der Uferzone zu beobachten oder einfach ein wenig zu verweilen und die Ruhe zu geniessen. Nach gut 1 km erreichen Sie das untere Ende des Sees, aus dem die Glatt fliesst. Der Weg führt Sie ein kurzes Stück entlang des Baches zu einem kleinen Fussgängersteg hinüber auf die andere Seite und weiter dem Ufer entlang durch das malerische Naturparadies. Dieser

Ausflug ist zu jeder Jahreszeit ein tolles Erlebnis – im Frühjahr erleben Sie, wie die Natur aus ihrem Winterschlaf erwacht und haben noch am meisten Blick auf den See, welcher im Verlaufe des Frühlings bis hinein in den Sommer durch das Ried immer mehr zuwächst. Das Ried wird im Spätsommer gemäht, wonach der Blick auf den See sowie die dahinterliegenden Hügelketten wieder frei wird.

Nach insgesamt 2,5 km gelangen Sie in ein kleines Waldstück, in dem Sie der ersten Abzweigung links folgen. An der Strasse verlassen Sie den Wanderweg und biegen nach links ab. Folgen Sie der Strasse für ca. 100 m und überqueren Sie diese, sobald sie den Wald verlässt. Auf der anderen Seite folgen Sie dem grünen Wegweiser zum Freizeitpark «Milandia». An Kreuzungen und Abzweigungen vorbei folgen Sie immer dem Weg geradeaus, bis Sie aus dem Wald treten und sich bereits am Zaun des «Milandia»-Geländes befinden. Gehen Sie hier links, dann gelangen Sie zum Tor. Sie kommen an einem kleinen Kinderspielplatz, dem «Bayrischen Garten» (einem Biergarten) sowie zwischen dem Minigolfplatz und dem Naturbad vorbei, bis Sie am Hauptgebäude angelangt sind.

Der Freizeitpark bietet für alle etwas, die gerne aktiv sind. Hier erwartet Sie eine grosse Kletterhalle, das Naturbad mit Liegewiese, eine Minigolfanlage, ein 6-Loch-Golfplatz, Tennisplätze sowie ein Fitnessbereich mit dazugehöriger Wellnessabteilung. Besonders zu erwähnen ist die riesige Kletterhalle, welche für Kletterbegeisterte vom Anfänger bis zum Profi Herausforderungen bietet. Im Sommer können Sie auch in einem grossen Aussenbereich Ihr Können unter Beweis stellen. Das aussen gelegene Naturbad kommt ohne Chemie aus, da das Wasser auf biologische Weise gereinigt wird.

An der Glatt

Idyllische Riedlandschaft

Zum Bereich des Naturbades gehört natürlich eine grosse Liegewiese mit einem Grillplatz, grossem Kinderspielplatz und Planschbecken. Leider gibt es hier nur wenige schattenspendende Bäume – also nicht vergessen, Sonnencreme und Hut einzupacken! Für alle diejenigen, welche es lieber ein wenig schattiger haben möchten, besteht im weiteren Verlauf der Wanderung die Möglichkeit, an einem geschützteren Ort im Greifensee zu baden – später mehr dazu. Für Hungrige steht das Restaurant mit grosser Gartenterrasse zur Verfügung, wo Sie sich mit Blick ins Grüne oder auf den Naturpool stärken können.

Nach Ihrem Aufenthalt im «Milandia» verlassen Sie die Anlage wieder auf dem gleichen Weg, auf dem Sie gekommen sind, bis Sie, nachdem Sie die Strasse überquert haben, wieder auf den Wanderweg stossen. Hier gehen Sie nach links und folgen weiter dem Wanderweg in Richtung Greifensee. Kurz bevor Sie den Ort erreichen, führt Sie der Weg direkt am kostenlosen Strandbad von Greifensee vorbei, welches wir allen empfehlen wollen, welche lieber ein wenig Schatten haben. Hier stehen etliche grosse, alte Bäume, unter welchen man sich gemütlich auf die Wiese legen kann. Dieses Bijou ist mit einer kleinen Umkleide, Toiletten, einer kalten Dusche im Freien sowie einer Grillstelle ausgestattet.

Von hier sind es nur noch rund 300 m bis zur Schiffsanlegestelle sowie dem historischen Greifensee mit seinem malerischen alten Kern direkt am Schloss. Lassen Sie sich in einem der Restaurants oder Cafés verwöhnen und so den Tag gemütlich ausklingen. Falls Sie den Zug nehmen möchten, folgen Sie dem Weg in Richtung «Greifensee Station/Bahnhof». Die Station «Nänikon-Greifensee» ist nur rund 1 km entfernt.

Öffnungszeiten: *Täglich geöffnet*
Preise: *je nach Aktivität sehr unterschiedliche Preise*
Informationen: *Milandia*
Migros Sport- und Erlebnispark
Im Grossriet 1, 8606 Greifensee
Telefon 044 905 66 66
www.milandia.ch

14 Vom Trammuseum in Zürich nach Fällanden an den Greifensee

Das Trammuseum liegt direkt am Eingang zum Elefantenbachtobel mit seiner ungewöhnlichen Tierwelt. Vom Aussichtsturm auf dem Lorenchopf geht es durch Wälder hinab, durch das Fällandentobel und zur Schiffsanlegestelle von Fällanden am Greifensee.

Route: Zürich Burgwies–Pfaffhausen–Benglen–Fällanden

Länge: 8,5 km
Höhenmeter: ↑ 190 m, ↓ 300 m
Wanderzeit: 3 Stunden

Anreise: Vom Zürcher Hauptbahnhof mit dem Tram Nr. 11 in Richtung Rehalp bis zur Haltestelle «Burgwies»
Rückreise: mit dem Schiff von Fällanden nach Niedruster und dann mit dem Zug ab Uster zurück

Schifffahrtsgesellschaft: Schifffahrts-Genossenschaft Greifensee, Telefon 044 980 01 69, www.sgg-greifensee.ch

Exotische Tierwelt im Züribiet

Vom Zürcher Hauptbahnhof aus nehmen Sie das Tram Nr. 11 in Richtung Rehalp und steigen an der Haltestelle «Burgwies» aus. Hier befindet sich im alten Depot das Trammuseum von Zürich. Von April bis Oktober fährt jeweils am letzten Wochenende im Monat die Museumslinie 21 mit einem Tram von 1897 aus der Innenstadt zum Museum – das wäre natürlich stilecht! (Den genauen Fahrplan entnehmen Sie bitte der Homepage des Museums.) Im Museum warten Originalfahrzeuge aus den Jahren 1897–1960 mit allem, was schon damals dazugehörte – historische Fahrkartenautomaten, Tramchaffeur-Uniformen und vieles mehr.

Um mit der Wanderung zu beginnen, folgen Sie dem Wanderwegweiser in Richtung «Elefantenbach». Folgen Sie immer dem Lauf des Baches. Nachdem Sie durch einen Tunnel gekommen sind, sehen Sie bald schon den Elefanten, der hier im Bach steht. Seit dem 19. Jahrhundert speit der Elefant nun schon geduldig Wasser in den Bach, seitdem der Verschönerungsverein für Zürich und Umgebung mit dieser und anderen «Aufwertungen» versuchte, mehr Städter zur Erholung in die nahen Wälder zu locken. Hier gibt es auch einen Grillplatz mit einem Häuschen, Tischen und Bänken.

Beim Wegweiser in Richtung Degenried verlassen Sie den Elefantenbach und gehen links den Adlisberg hinauf. In Degenried befindet sich übrigens die eidgenössische Erdbebenwarte, an der Sie aber nicht unmittelbar vorbeikommen. Immer wieder liegen Rastplätze mit Holzhäuschen, Tischen, Bänken und Brunnen an Ihrem Weg. Beim nächsten Wegweiser gehen Sie in Richtung «Lorenchopf». Hier ist nun schon der Greifensee angeschrieben. Auf dem «Lorenchopf» können Sie einen Turm erklimmen und im Osten den Greifensee überblicken. Neben dem Turm steht ein grosser Rastplatz zur Verfügung, wo man sogar mit grösseren Gruppen eine Pause machen kann, ohne dass jemand stehen müsste. Gedeckte Sitzplätze, ein Aussichtsturm und fest installierte Grillstellen sind gute Argumente für ein Picknick.

Hinter der Feuerstelle geht es weiter in Richtung «Greifensee/Maur». Bald treten Sie aus dem Wald heraus und überqueren eine Autostrasse. Der Flurname dieser Region lautet übrigens «Chatzenschwanz», was wahrscheinlich daran liegt, dass es hier früher grosse Bestände an Schachtelhalmen gab. Aufgrund seiner Form wird dieser im Volksmund auch Katzenschwanz genannt.

Im Fällander Tobel

Sie durchqueren das Lachentobel und gelangen nach Pfaffhausen, wo Sie weiter den Wanderwegweisern folgen. Die Brauerei Feldhof, neben der Sie vorbeilaufen, hat täglich ab 16 Uhr geöffnet – dann können Sie das hier gebraute Bier direkt zu einem Flammkuchen probieren. Wenn Sie früher unterwegs sind, können Sie im Frischmarkt gegenüber das Pfaffhauser Bier in Flaschen kaufen. Folgen Sie weiter den Wanderwegweisern in Richtung Maur – und hier in Pfaffhausen nicht in Richtung Fällanden! Viele alte knorrige Obstbäume säumen den sanft abfallenden Weg. Vor der grossen Strasse gehen Sie links durch die Unterführung. Folgen Sie im Wald dem Wegweiser nach links in Richtung «Fällandentobel» und nicht weiter in Richtung Maur. Ein kleiner Weg führt durch das kurze, aber wunderschöne Tobel, durch das sie an übermoosten Steinen vorbei nach Fällanden gelangen.

Der riesige auseinandergebrochene sogenannte «Blitzstein», der im Tobel liegt, ist aufgrund seiner Bruchstelle sehr beeindruckend. Dieser stellt Posten 4 des zweiten Fällander Naturpfades dar. Der Spalt ist trotz des Namens wohl eher durch die Einwirkungen des Frostes als durch einen Blitzeinschlag entstanden. Folgen Sie

weiter dem Bachlauf. Können Sie sich vorstellen, dass dieser kleine, harmlos wirkende Bach 1677 den Fällander Dorfkern verwüstet und seit dem Jahr 1995 sogar Brücken auf dem Gewissen hat? Der Weg führt über kleine Treppchen und stark überwurzelte Wege weiter durch das wunderschöne Tobel hinab nach Fällanden.

Dort folgen Sie dem Wanderweg in Richtung Greifensee. In der Nähe der Bushaltestelle «Wigarten» befindet sich das ehemalige Gebäude der Zwicky Seidenzwirnerei von 1906. Heute ist das Gebäude öffentlich, hier finden unter anderem kulturelle Veranstaltungen statt.

Wenn Sie am Seeuferweg angekommen sind, gehen Sie nach rechts in Richtung Maur und gelangen so nach ca. 700 m zur Schiffsanlegestelle von Fällanden. Hier können Sie nun entweder das Schiff besteigen oder noch rund 3,5 km weiter bis zur nächsten Anlegestelle in Maur laufen.

Öffnungszeiten Trammuseum:
April–Oktober, Mi–Fr 14–17 Uhr,
Sa/So 13–17 Uhr
November–März, Mi und So 14–17 Uhr
Preise: *Fr. 5.– bis 10.–*
Informationen: *Trammuseum Zürich*
Forchstrasse 260, 8008 Zürich
Telefon 044 380 21 62
www.tram-museum.ch

15 Ab in den Stollen!
Das Bergwerkmuseum
Käpfnach am Zürichsee

Dieser sehr abwechslungsreiche Ausflug führt Sie von der Halbinsel Au
durch das Aabachtobel zum Besucherbergwerk nach Horgen.
Nach dem Besuch des Museums im alten Kohlemagazin mit seinen
zahlreichen historischen Zeugnissen über den Kohleabbau am
Zürichsee bildet die Fahrt in den Stollen den aufregenden Abschluss.

Route: Halbinsel Au–Aabachtobel–Bergwerk Käpfnach–Horgen

Länge: 6,5 km
Höhenmeter: ↑ 200 m, ↓ 200 m
Wanderzeit: 2 Stunden

Anreise: mit dem Schiff von Zürich zur Halbinsel Au
Rückreise: mit dem Schiff oder Zug von Horgen zurück nach Zürich

Schifffahrtsgesellschaft: Zürichsee-Schifffahrtsgesellschaft,
Telefon 044 487 13 33, www.zsg.ch

Dieser Ausflug beginnt bei der Schiffsanlegestelle der Halbinsel Au. Wer mit dem Zug kommt, läuft am Bahnhof in Richtung Schiffsanlegestelle «Au» und über den Hügel mit seiner umfangreichen Rebsortensammlung. Im Osten der Insel existiert seit 1978 ein Weinbaumuseum, das samstags von 14 bis 16 Uhr geöffnet ist. Oben auf dem Hügel der Au finden Sie einen Landgasthof, einen klassischen Bauerngarten und natürlich eine wunderschöne Aussicht über den Zürichsee. Wer an der Schiffsanlegestelle ankommt, geht auf der Halbinsel angekommen nach rechts, vorbei an diversen Höhlen und Tunneln im Nagelfluh. Beachten Sie das schöne alte Bootshaus! Die Parkanlage, in die Sie gelangen, gehört bereits zum Schloss Au, das 1650 erbaut wurde und heute als Tagungszentrum dient.

Auf dem alten Arnerweg

Vor den Bahngleisen gehen Sie rechts, überqueren diese bei der ersten Gelegenheit und gehen links hinauf. Sie verlassen damit den signalisierten Wanderweg. Gehen Sie ein kleines Stück geradeaus hinauf und folgen Sie nicht der Seeguetstrasse nach rechts, sondern nehmen Sie die kleine Treppe, die Sie neben einem älteren Wohnhaus hoch ins Dorf führt. Gehen Sie an der Unterortstrasse nach rechts und sobald Sie zur Strasse «Im Meilibachdörfli» kommen wieder rechts. Kurz nachdem Sie den Meilibach überquert haben, gehen Sie den Arnerweg links zwischen Wald und Weide hinauf. Dieser wunderschöne alte Weg scheint vollkommen in Vergessenheit geraten zu sein. Dabei hätte er durchaus ein Revival verdient, führt er doch an sehenswerten kleinen Bauernhöfen und Stallungen vorbei ins Aatobel. Der Arnerweg bringt Sie zunächst nach Längiberg und dort an einer kleinen Ansammlung älterer landwirtschaftlicher Gebäude vorbei. Hier befinden Sie sich bereits oberhalb des ehemaligen Braunkohlefördergebietes des Bergwerkes Käpfnach. Hinter einem Pferdestall in Hinterrietwies geht es noch

Im Aabachtobel

ein letztes Stück den Hang hinauf, dann können Sie bereits das Rauschen des Aabaches hören. Der Weg führt in den Wald und geradewegs hinab ins Aabachtobel. Hier verlassen Sie nun den alten Arnerweg und folgen den Wanderwegweisern in Richtung «Käpfnach/Horgen». Der erste kleine Wasserfall ist ja ganz nett – aber warten Sie ab, bis Sie zum nächsten kommen! Das wilde und reizvolle Tobel hält so manche Überraschung bereit. Unter Ihren Füssen wurde früher Braunkohle abgebaut, und so mancher Stolleneingang lag hier früher am Weg. Kurz hinter dem Schild, das auf den ehemaligen Stollenmund Streuli-Ginsberg, der 1860 in den Berg gehauen wurde, hinweist, folgen Sie dem

Gwandlenweg nach links in Richtung «Bergwerkmuseum Käpfnach/Horgen».

Nachdem Sie die nächste Brücke überquert haben, gehen Sie – je nachdem ob die tarnfarbenen Jungs und Mädels gerade ihre Schiessübungen absolvieren müssen oder nicht – weiter auf dem Weg oder folgen dem Umgehungsweg. Beide Wege treffen nachher wieder zusammen, münden im Quartier von Käpfnach und führen Sie auf die Bergwerkstrasse. Gehen Sie hier links hinauf, und Sie stehen vor dem alten Kohlenmagazin, in dem sich heute das Bergwerkmuseum befindet.

Bevor es in den Stollen geht, bekommen Sie dort einen informativen Film über das Bergwerk zu sehen (mit sympathischem 80er-Jahre-Charme!). Auf zahlreichen Tafeln erfahren Sie im Museum vieles über die Geschichte der Braunkohleförderung in dieser Region. Vitrinen mit historischen Dokumenten – unter anderem einem Mitarbeiter-Fragebogen von 1900! – machen die ehemalige Relevanz des Bergwerkes für die Region erfahrbar.

Der Eingang in den Berg befindet sich oberhalb des Kohlenmagazins im Erdgeschoss des rosaroten Hauses. Die kleine halbrunde Holztüre verbirgt den Eingang in den

Vorfreude auf die Stollenfahrt

Stollen. Wer hinein möchte, darf keine Platzangst haben. Die Bahn ruckelt insgesamt durch 1,4 km Stollen, und es heisst häufig Kopf einziehen, wenn Sie Ihren Helm anbehalten wollen! Der Führer oder die Führerin nimmt Sie bei einem Stopp in Seitenarme des Stollens mit, wo definitiv klar wird, dass der eigene Arbeitsplatz im Büro gar nicht so unbequem ist, wie man vielleicht manchmal denkt. Nach der Fahrt durch den Stollen werden Sie von der kleinen Bahn an der Seestrasse wieder ausgespuckt. Wenn Sie zurück zur Schiffsanlegestelle möchten, gehen Sie links zum Kreisel, ein Stück weiter geradeaus und dann links in die Hirsackerstrasse. Hier kommen wieder Wanderwegweiser, die Sie am Susthaus vorbei und zur Schiffsanlegestelle Horgen führen. Von dort aus können Sie die Schifffahrt über den Zürichsee geniessen.

Öffnungszeiten: *Das Museum ist vom 1. April bis 30. November jeden Samstagnachmittag von 13 bis 16.30 Uhr geöffnet. Wer eine Stollenfahrt machen möchte (und ohne Stollenfahrt ist es nur maximal eine halbe Bergwerksbesichtigung!) muss zwischen* **13 und 14 Uhr** *im Museum sein. Eine komplette Besichtigung dauert rund 2 Stunden.*
Preise: *Fr. 8.– bis 15.–*
Informationen: *Telefon 044 725 82 49, www.bergwerk-kaepfnach.ch*

16 Von Stäfa um den Lützelsee nach Feldbach

Diese Wanderung führt Sie durch zahlreiche Tobel und um den kleinen Lützelsee herum. Schönes altes Fachwerk und die zahlreichen alten Hochstamm-Obstbäume verleihen der Umgebung ihren ganz eigenen Charme.

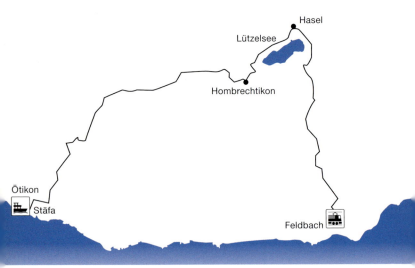

Route: Ötikon–Risitobel–Lützelsee–Feldbach

Länge: 10 km
Höhenmeter: ↑ 280 m, ↓ 260 m
Wanderzeit: 2,45 Stunden

Anreise: mit dem Schiff nach Ötikon
Rückreise: mit dem Zug ab Feldbach zurück

Schifffahrtsgesellschaft: Zürichsee-Schifffahrtsgesellschaft, Telefon 044 487 13 33, www.zsg.ch

Aussichtspunkt «Risi»

Fahren Sie über den schönen Zürichsee nach Stäfa. An der Schiffsanlegestelle angekommen, ist der Lützelsee bereits auf dem Wanderwegweiser angeschrieben.

Das Schiff hat Sie nach Ötikon, ins alte Zentrum von Stäfa gebracht, das eines der schönsten Ortsbilder am See hat. Als es hier noch keine Seestrasse gab, reisten Waren und Personen fast ausschliesslich mit dem Schiff. Wo Sie heute angelegt haben, fuhr früher auch das Marktschiff nach Zürich ab. Am See in Stäfa gibt es von der Dönerbude bis zum gehobenen Restaurant alles, was Ihr kulinarisches Herz begehren könnte.

Folgen Sie dem Wanderwegweiser in Richtung Bahnhof, durch den idyllischen historischen Kern von Ötikon. Nach der Unterführung am Bahnhof gehen Sie rechts in Richtung Lützelsee. Von hier aus folgen Sie den Wanderwegweisern durch den Ort, bis Sie rechts hinauf in das Risitobel eintauchen. Es geht steil hinauf, aber um Sie anzuspornen sei so viel verraten: oben wartet ein Wasserfall! Und nicht nur das – Sie werden für den Aufstieg mit einer wunderschönen Aussicht auf den Zürichsee belohnt. Auf dem Aussichtspunkt «Risi» stehen viele Bänke und Grillstellen für eine Pause bereit.

Der kleine Lützelsee

Hinter der Wiese führt der Wanderweg links hinauf und weiter in Richtung Lützelsee. Achten Sie gut auf die gelben Markierungen an den Bäumen, es kommt vor, dass der Wanderweg nicht dem grösseren Waldweg folgt, sondern Sie kleinere Pfade nehmen müssen. Hinter der asphaltierten Strasse, die Sie überqueren, gelangen Sie für kurze Zeit auf eine Route, die vom Verein Pro Hombrechtikon angelegt wurde, um die Sehenswürdigkeiten ihrer Ortschaft einem breiteren Publikum zugänglich zu machen. Der Stuckiweg wurde Mitte des 17. Jahrhunderts dafür angelegt, Truppen und Waffen unbemerkt vor die Tore von Rapperswil zu verschieben. Die idyllische Landschaft täuscht erfolgreich über die kriegerische Vergangenheit und die vielen Besitztumsstreitigkeiten und Herrschaftsquerelen der Vergangenheit hinweg. Auf Ihrem weiteren Weg eröffnet sich Ihnen immer wieder eine fantastische Aussicht auf den Zürichsee. Kurz nachdem Sie die nächste Autostrasse überquert haben, und in den Wald gekommen sind, biegen Sie rechts in Richtung Lützelsee ab. Bald kommen Sie an alten Hochstammbäumen vorbei, die heute leider eine Rarität sind, die es zu schützen gilt. Die Gegend im Norden von Hombrechtikon mit seinen zahlreichen alten Obstbäumen, den idyllisch gelegenen Bauernhöfen und der Sicht auf den Zürichsee kann sogar den überzeugtesten Städter für das Leben auf dem Lande gewinnen.

Hinter den Bauernhöfen folgen Sie bitte nicht der Strasse weiter hinunter, sondern gehen nach links und überqueren die von Autos befahrene Strasse. (Bei meiner Wanderung fehlte hier leider die Wanderwegmarkierung nach links, auch Strassennamen waren leider nicht angeschrieben. Falls Sie zur Sicherheit jemanden nach den Strassen fragen möchten: Die Strasse hinter den Höfen, in die Sie links einbiegen müssen, heisst laut Strassenkarte «Anglenstrasse». Sie überqueren die von Autos befahrene Grüningerstrasse. Falls Sie die Anglenstrasse nach links verpassen, ist das aber kein Problem, Sie werden wieder auf Wanderwegweiser treffen, die Sie in Richtung Lützelsee bzw. Lutikon lotsen.)

Der Weg führt Sie erneut über Wiesen mit altem Obstbaumbestand nach Lutikon zum Eglihaus, einem der ersten Fachwerkhäuser der Gegend. Folgen Sie dem Seerundgang nach links.

Auf Ihrem Weg um den See kommen Sie sehr bald an einem grossen Pflanzenschaugarten (der Pflanzenschau AG) vorbei, der jederzeit frei zugänglich ist. Wenn Sie den Teil der Baumschule durchquert haben, kommen Sie in eine parkähnliche Landschaft, auf der ein Rundgang an den unterschiedlichsten Bäumen, Sträuchern und Gestaltungselementen für den Garten vorbeiführt.

Sie laufen weiter um den Lützelsee, dessen Ufer Sie nicht direkt erreichen, da ihn ein Schilfgürtel umzieht, der unter Naturschutz steht. Am Nordufer des Sees, in Hasel, haben schlaue Hombrechtikoner Bauern zwischen ihren Bauernhäusern eine kleine Freiluftbeiz errichtet, wo Sie etwas kleines essen und trinken können. Von Hasel an gelangen Sie auf die Ostseite des Lützelsees. Hinter den Fachwerkhäusern verlassen Sie den Seerundgang und folgen den Wanderwegweisern in Richtung Feldbach. Wenn Sie einen Abstecher zur nahe gelegenen «Badi» des Lützelsees machen möchten, gehen Sie wei-

Gänseausflug an den Lützelsee

Nordufer des Lützelsees

ter auf dem Seerundweg und hinter dem Bach rechts.

Auf Ihrem Weg in Richtung Feldbach kommen Sie für kurze Zeit auf die Rütistrasse. Passen Sie auf, dass Sie hier die Abzweigung des Wanderweges nach links verpassen! Ja, Sie haben richtig gelesen, ich empfehle Ihnen, die Abzweigung zu verpassen und rund zehn Schritte auf der Rütistrasse weiterzugehen, um auf der linken Seite die «Pasticceria Italiana» anzusteuern. Hier finden Sie italienisches Gebäck, für das es sich lohnt, sich ein bisschen zu verlaufen. Der Weg führt Sie

> Am Ufer des Lützelsees lösen sich immer wieder Pflanzenstöcke, die dann als schwimmende Inseln auf der Wasseroberfläche treiben. Seit 1969 werden am See wieder gezielt Störche angesiedelt. Mit ein wenig Glück können Sie die Tiere aus der Nähe beobachten.

erneut in ein Tobel, in dem heute noch die Gebäude stehen, in denen sich früher Getreidemühlen drehten. Auf dem Transformerweg laufen Sie zwischen Fabrikbauten aus dem 19. Jahrhundert und moderner Industrie hindurch und finden neben dem Stauwehr eine alte Francis-Turbine, deren Funktionsweise erklärt wird.

Die denkmalgeschützten Industriebauten geben dem tiefen Tobel einen besonderen Charme, auch wenn es ziemlich kurz ist. Bald geht es schon wieder im Zickzackkurs durch eine kinderreiche Wohngegend. Wo Rietisweg und Rütigass zusammentreffen, wählen Sie den rechten Weg in Richtung «Feldbach Station». Vom Bahnhof in Feldbach können Sie entweder zurück nach Stäfa fahren und dort wieder das Schiff besteigen oder natürlich auch direkt mit dem Zug nach Hause fahren.

17 Von Baldegg nach Aesch am Hallwilersee

*Vom Baldeggersee aus führt diese Wanderung durch idyllische Land-
schaften und an vielen alten «Spychern» vorbei zum Schloss Heidegg mit
seinem romantischen
Rosengarten und dem
kleinen Rebberg.
Durch Tobel und Wälder
gelangen Sie nach Aesch
im Süden des Hallwilersees,
wo Sie sich vom Schiff abholen
lassen können.*

Route: Baldegg–Ferren–Kleinwangen–Schloss Heidegg–Hitzkirch–
Bleulike–Aesch LU

Länge: 14 km
Höhenmeter: ↑ 400 m, ↓ 420 m
Wanderzeit: 4,5 Stunden

Anreise: mit dem Zug nach Baldegg
Rückreise: mit dem Schiff von Aesch nach Birrwil und dem Zug zurück

Schifffahrtsgesellschaft: Schifffahrtsgesellschaft Hallwilersee,
Telefon 056 667 00 26, www.schifffahrt-hallwilersee.ch

Spycher in Ferren

Vom Bahnhof Baldegg aus folgen Sie den Wegweisern in Richtung «Ferren/Kleinwangen». Nach rund 100 m verlassen Sie das Dorf Baldegg und laufen zwischen Feldern ins kleine benachbarte Bauerndorf Ferren mit seinen alten «Spychern». Folgen Sie den Wanderwegweisern zum Schloss Heidegg. Der Weg verläuft entlang kleiner Pfade und an Seen und Bachläufen vorbei. In Kleinwangen kommen Sie an der Kirche vorbei und laufen weiter in Richtung «Schloss Heidegg».

Der sehr abwechslungsreiche und idyllische Weg führt durch verschiedene Kulturlandschaften, überquert immer wieder Bäche oder führt an diesen entlang. Auf den ausgedehnten Wiesen stehen viele alte Bäume, und Sie haben immer wieder eine gute Aussicht hinunter auf den Baldeggersee. Nach Kleinwangen führt der Weg bald durch eine Baumschule hin-

durch und entlang eines Bachlaufes hinauf in den Wald zu einer Grillstelle mit Bänken und Tischen. Wenn Sie den Wald wieder verlassen, sehen Sie bereits das Schloss Heidegg vor sich liegen. Hier wohnten vom 12. bis zum 15. Jahrhundert die Herren von Heidegg, danach wechselten die Besitzer regelmässig, bis das Schloss 1950 dem Kanton Luzern geschenkt wurde. Heute befindet sich im Schlossturm ein Museum zur Geschichte des Schlosses und der Region. Im obersten Stockwerk – wo sonst – bietet der «Kinderestrich» spannende und vielseitige Möglichkeiten für die Kleinen. Die ausgetüftelte Kugelbahn mit ihren Licht- und Klangeffekten fasziniert nicht nur Kinder, die hier unter anderem Wände versetzen und den Kugeln hinterher krabbeln können. Eine romantische Parkanlage mit einem Rosenschaugarten umgibt das Schloss. Die kleine Kapelle mit ihrem speziellen, schiffsbugartigen Grundriss wurde hier gegen 1600 auf den Fundamenten der mittelalterlichen Burgbefestigung errichtet. Direkt beim Schloss liegt auch ein grosser Spielplatz neben einem weiteren Rastplatz mit Feuerstelle, Tischen und Bänken. Ausserdem finden Sie einen Hofladen, in dem Sie lokal erzeugte Produkte kaufen können. Vom Schloss aus geniessen Sie eine herrliche Aussicht über den Rebberg und auf den Baldeggersee.

Nachdem Sie das Schloss und den Rosengarten besichtigt haben, steigen Sie die Treppe am Ende der Aussichtsterrasse hinab. Unten halten Sie sich rechts und folgen dem Wanderweg am Rosengarten vorbei ins Tobel und in Richtung Hitzkirch. Dort kommen Sie an der barocken St. Pankratius-Kirche vorbei, die ursprünglich wohl um 1084 gegründet wurde. Im 13. Jahrhundert, zur Zeit der Kreuzzüge, kamen die Deutschritter nach Hitzkirch, gründeten die Ordenskommende (ihre Niederlassung) und übernahmen die Kirche. Bei einem Neubau 1684 bekam sie ihr heutiges, prunkvolles Gesicht. Nach der Zerstörung der Kommende während der Reformation wurde diese im 18. Jahrhundert neu gebaut. Wenn Sie barocke Gärten mögen, können Sie einen kurzen Abstecher in den Garten der Kommende machen.

Von Hitzkirch aus folgen Sie im Grunde genommen den Wegweisern in Richtung «Bleulike/Aesch», mit einer Ausnahme: Nachdem Sie Hitzkirch hinter sich gelassen haben, überqueren Sie die Hauptstrasse und folgen auf der anderen Seite einem kleinen Weg die Treppen hinunter, die Sie zu den Lourdes-Grotten bringen. Folgen Sie dem Weg weiter das Tobel hinab und der Strasse, auf die Sie stossen, nach rechts. Hinter Bleulike treffen Sie wieder auf den regulären Wanderweg, den Sie zunächst für rund 50 m geradeaus das Tobel hinauf laufen, dann links abbiegen und den Bach überqueren. Im nächsten Wald gelangen Sie erneut in ein Tobel, das der Altwiserbach in den Berg gefressen hat. Wenn Sie aus dem Wald he-

Oberhalb des Baldeggersees

Schloss Heidegg

raustreten, befindet sich zu Ihrer Rechten eine Waldhütte, die zu einer Rast einlädt.

Wenn Sie vor Aesch noch einen kurzen Schlenker durch das Gitzitobel machen wollen, folgen Sie im nächsten Wald den Wegweisern in Richtung Rüediken. Rund 350 m nachdem Sie an einem Waldhäuschen mit überdachter Feuerstelle vorbeigekommen sind, zweigt der Wanderweg nach einer scharfen Linkskurve nach rechts ab, Sie bleiben aber auf dem Weg, der hinab zum Vorderbach führt. Sie überqueren die zweite Brücke und kommen so zu den ersten Ausläufern von Aesch. Folgen Sie oben an der Strasse weiter dem Bachlauf nach rechts. Überqueren Sie die Hauptstrasse und folgen Sie der Lädergasse und den Wegweisern zur Schiffsanlegestelle von Underaesch.

Öffnungszeiten Schloss Heidegg:
Museum: 1. April–31. Oktober, Di–Fr 14–17 Uhr, Sa/So/Feiertage 10–17 Uhr
Rosengarten: April–Oktober täglich durchgehend
Preise: Fr. 3.– bis 8.–
Informationen: Schloss Heidegg 6284 Gelfingen Telefon 041 917 13 25 www.heidegg.ch

18 Entlang des Hallwilersees von Mosen zum Schloss Hallwyl

*Sie wandern durch das Naturschutzgebiet des Hallwilersees.
Die wunderschöne Riedlandschaft gibt das Seeufer
immer mal wieder zum Baden
und für und idyllisch gelegene
Rastplätze frei. An schönen alten
Bootshäuschen aus Holz geht
es zum Schloss Hallwyl, in welchem
Sie mehrere Jahrhunderte in die
Vergangenheit reisen, bis zu den
Anfängen des Wasserschlosses.*

Route: Mosen–Aesch LU–Meisterschwanden–Tennwil–Seengen–Schloss Hallwyl

Länge: 11 km
Höhenmeter: ↑ 100 m, ↓ 100 m
Wanderzeit: 3 Stunden

Anreise: mit dem Schiff nach Mosen
Rückreise: mit dem Zug oder Schiff von Seengen zurück

Schifffahrtsgesellschaft: Schifffahrtsgesellschaft Hallwilersee,
Telefon 056 667 00 26, www.schifffahrt-hallwilersee.ch

In Mosen

In Mosen landen Sie mit dem Schiff direkt am Campingplatz. Dort geht es links in Richtung Aesch und Schloss Hallwyl. Anfangs laufen Sie auf einem kleinen, von Bäumen gesäumten Weg zwischen Ried und Campingplatz, überqueren einige Bäche und betreten schliesslich das Naturschutzgebiet. Sie werden schon bald für rund 2 km etwas weiter vom Ufer weggeführt und passieren das kleine Unteräsch. Hier finden Sie einen charmanten kleinen Hofladen. Ich bin keine Teilhaberin am Gewinn des Ladens und kann daher vollkommen unabhängig sagen: Die breite und für einen Hofladen ungewöhnliche Palette von Produkten, die hier verkauft werden, ist be-

eindruckend (und verleitete mich zum Kauf einiger Obstbrände). Sie haben die Qual der Wahl: Hausgemachte Liköre, Brände wie Vieille Prune oder Calvados, Kräutersalze und eingelegtes Obst, Kräutersalben und -tinkturen, Geschenkkörbchen, frisches Obst usw. stehen zur Auswahl.

Gehen Sie weiter geradeaus und Sie gelangen peu à peu wieder in Ufernähe. Der Natur wird am Hallwilersee zum Glück ein breites Schutzband zugesprochen, in dem nur vereinzelte Häuser, dafür viele knorrige Bäume auf den Weiden stehen. Daher können in der Uferzone rund 300 zum Teil sehr seltene Pflanzenarten überleben. Das Schutzgebiet hat natürlich seinen

Preis, der darin besteht, dass Sie auf rund einem Drittel der Strecke durch einen breiten Riedstreifen vom See getrennt sind. Das bietet Ihnen eine wunderschöne Sicht auf das geschützte Gebiet, dessen Flora und Fauna und natürlich den See.

Nach einer Weile durchqueren Sie ein kleines Waldstück, das Erlehölzli, an dessen Eingang sich neben einem kleinen Bach eine Feuerstelle mit Bänken befindet. Hier gelangen Sie auf den Naturlehrpfad «Der Natur auf der Spur» mit vielen detaillierten Informationen über die unterschiedlichen Lebensräume, die der See und seine Ufer bieten, die Pflanzen, die sie hervorbringen und natürlich auch die tie-

rischen Anwohner des Gebiets. In der Brutanstalt des Sportfischervereins werden Felchen und Hechte gezüchtet, an deren Kinderstuben, also Zuchtbecken, Sie unmittelbar vorbeilaufen. Direkt dahinter befindet sich ein altes öffentliches Badehaus des Verkehrsvereins Fahrwangen. In der Folge werden Sie noch an zahlreichen befestigten Badestellen vorbeikommen. Hinter zwei für den Hallwilersee typischen Bootshäuschen gelangen Sie zum Hotel- und Restaurantkomplex «Seerose», dessen Terrasse ein herrlicher Platz für eine Pause ist. Hier können Sie sich auch ein Boot leihen, wenn Sie sich auf eigene Faust (bzw. eigenen Oberschenkel oder Oberarm) über

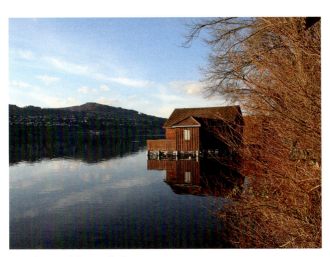

Bootshaus auf dem Hallwilersee

den See bewegen wollen. Unmittelbar dahinter liegt ein Strandbad. Nach rund 1 km gelangen Sie zur Schiffsanlegestelle «Delphin», dem Mutterhafen der Hallwiler Seeschifffahrt. Oberhalb des Weges befindet sich das gleichnamige Restaurant. Der Weg wird wieder schmaler und schlängelt sich weiter am Ufer entlang. Sie gelangen über das Gelände des Arbeiterstrandbades «Tennwil». Mit dieser Anlage wurde in den 1930er-Jahren Sozialgeschichte geschrieben. Schon damals wurde fleissig mit den Landparzellen am beliebten Seeufer spekuliert. Fritz Baumann, ein späterer SP-Oberrichter, befürchtete, die Hänge könnten ganz in die Hände der damaligen Oberschicht fallen. Trotz des Widerstandes der Banken und der bürgerlichen Kreise konnte 1935 das Bad öffnen. Der Zugang zum See war den Arbeitern so gesichert. Schon fast am Ende der Wanderung angekommen, säumen Reben Ihren Weg. Dahinter liegt zur Linken ein offener Badestrand (ausnahmsweise mal ohne Hundeverbot!) mit diversen Grillstellen. Zum Schloss Hallwyl geht es weiter am See entlang. Das Seenger Moos am Nordufer des Sees führt häufig viel Wasser und ist ein krönender Abschluss der Riedlandschaft, bevor Sie zum Schloss Hallwyl gelangen. Mitten im Seenger Moos steht ein Pfahlbauerhaus, das 1989 hier aufgestellt wurde. Nach diversen weiteren «Badis» und der Schiffsanlegestelle Seengen, die die nächste am Schloss Hallwyl ist, führt Sie der Wanderweg weiter durch das Moos und am Aabach entlang zum Schloss Hallwyl.

Blick vom Badehaus

Bei gutem Wetter haben Sie eine atemberaubende Aussicht auf die Alpen

Schon im 12. Jahrhundert stand hier eine eher bescheidene Turmburg, die im 14. Jahrhundert dann zu der zweigeteilten und befestigten Wasserburg ausgebaut wurde. Immer weiter wurde um- und ausgebaut, wobei das schöne Schloss vor neugotischen Umbauten nicht verschont blieb, was zum Glück Anfang des 20. Jahrhunderts rückgängig gemacht werden konnte. Heute sehen Sie es in seinen mittelalterlichen Ursprung zurückversetzt. Die Dauerausstellung des Schlosses vermittelt in elf Themenbereichen die Geschichte der Herren von Hallwil und deren Lebensweise. Jedes Jahr steht das Geschehen im Schloss zudem unter einem bestimmten Motto. Das Jahresthema 2011 lautet: «*Die Menge macht das Gift!*» – Aus dem *Arzneybuch von Burkhard III*. In diesem Jahr werden Führungen, Workshops und Veranstaltungen zu den Themen Kräuterheilkunde, Gifte und Kochen mit Wildkräutern und botanische Exkursionen im Naturschutzgebiet angeboten. Informieren Sie sich am besten auf der Homepage in der Rubrik «Veranstaltungen» darüber, was ansteht, wenn Sie vorbeikommen. Nach Ihrem Besuch können Sie entweder zurück zur Schiffsanlegestelle Seengen laufen oder den Bus zum Bahnhof Boniswil nehmen. Der Bahnhof ist 1 km entfernt, wenn Sie der Autostrasse folgen. Über den Wanderweg beträgt die Strecke 1,7 km.

Öffnungszeiten Schloss Hallwyl
1. April–30. Oktober, Di–So und allgemeine Feiertage: 10–17 Uhr
Preise: Fr. 6.– bis 12.–
Informationen: Schloss Hallwyl, Museum Aargau, 5707 Seengen Telefon 062 767 60 11
www.ag.ch/hallwyl

19 Der Pfad auf dem Mostelberg – Naturkräften auf der Spur

In der Region Sattel-Hochstuckli ist auch im Sommer viel los, aber auf dem Rundweg «Der Pfad» geht es ruhiger zu. Pendeln klingt für viele seltsam, Wünschelrute nach weltfremdem Aberglauben, Geomantie und Radiästhesie hingegen umweht der Hauch von Wissenschaft.

Wie auch immer Sie das sehen mögen – «Der Pfad» ist der erste und einzige Geomantie-Lehrpfad in der Schweiz und liegt inmitten wunderschöner Natur auf dem Mostelberg.

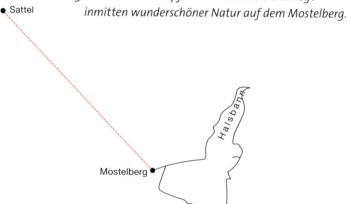

Route: Mostelberg–Herrenboden–Halsbann–Mostelberg

Länge: 3,5 km
Höhenmeter: ↑ 170 m, ↓ 170 m
Wanderzeit (ohne Posten): 1 Stunde
Wanderzeit (mit Posten): 2,5–3 Stunden

Anreise: mit dem Schiff nach Morgarten-Denkmal und anschliessend mit dem Bus Nr. 9 zur Talstation «Sattel-Hochstuckli»
Rückreise: mit dem Bus Nr. 9 von der Talstation «Sattel-Hochstuckli» nach Morgarten-Denkmal und mit dem Schiff wieder an den Ausgangspunkt des Ausfluges zurück

Schifffahrtsgesellschaft: ZugerseeSchifffahrt, Telefon 041 728 58 58 (Mo–Fr), Telefon 041 723 68 00 (Sa–So), www.zugersee-schifffahrt.ch

Steinkreis mit Steinadern – erste Pendelerfahrungen sammeln

Wer in der Nähe des Zuger- und Ägerisees auf der Suche nach einem Ausflug der komplett anderen Art ist, sollte sich auf «Den Pfad» auf dem Mostelberg begeben. Der Wanderweg von der Schiffsanlegestelle «Morgarten-Denkmal» bis zur Talstation der Gondelbahn verläuft ein gutes Stück an der Strasse entlang, daher empfehlen wir Ihnen den Bus Nr. 9, der Sie direkt von der Schiffsanlegestelle «Morgarten-Denkmal» in 10 Minuten zur Talstation Sattel-Hochstuckli fährt. Von dort bringt Sie die Gondelbahn den Mostelberg hinauf. Oben angekommen, befinden Sie sich schon mitten im Spassparadies für Familien. Für «Stuckli Jump», die Hüpfburgenanlage, hätte ich als Kind wohl alles gegeben! Natürlich sollten auch alle ohne kleine Begleiter die Sommerrodelbahn hinuntersausen! Um zum Starthäuschen des «Pfades» zu gelangen, gehen Sie links an der Rodelbahn vorbei und in Richtung der imposanten Hängebrücke. Rechts sehen Sie bald schon das kleine Häuschen, das die erste Station des Pfades darstellt. Dies ist auch der Treffpunkt für die geführten Wanderungen, die ich Ihnen sehr ans Herz lege, wenn Sie (wie ich) keine Vorkenntnisse mit dem Pendel oder der Wünschelrute haben, da man den Tafeln natürlich nicht so viele Informationen entlocken kann wie einem erfahrenen Radiästheten.

Von Mai bis Oktober findet jeden 1. und 3. Samstag und jeden 3. Sonntag im Monat verschiedene öffentliche Führungen statt, die

Bestimmen Sie den Wasserdurchfluss

beim Starthaus des Pfades beginnen. Bitte informieren Sie sich jeweils über die Homepage der Region Sattel-Hochstuckli über die aktuellen Zeiten! Bitte melden Sie sich für die Führung, die Sie besuchen möchten, an. Ein ausgebildeter Radiästhet (also jemand, der den Umgang mit dem Pendel sehr gut beherrscht) leitet Sie bei den verschiedenen Posten an und ermöglicht Ihnen ungewöhnliche und faszinierende Einblicke in die Natur, wie Sie sie wohl noch nie erfahren haben. Wenn Sie alleine

Yin-Yang mit dahinter liegender Feuerstelle

gehen möchten, können Sie natürlich auch auf eigene Faust versuchen, den Erdenergien auf die Schliche zu kommen. Der Pfad ist aufgrund der guten Beschilderung auch selbstständig leicht zu verfolgen. Aber auch ohne Interesse an Phänomenen dieser Art lohnt sich die Route des Pfades als Wanderweg auf dem Mostelberg.

Auf der Strecke des Pfades wird Ihnen nähergebracht, welche Arten von Energien es überhaupt gibt und wie diese sichtbar gemacht werden können. Sie gelangen unter anderem zu einem Steinkreis und einem Steintor, in denen Sie versuchen können, die herrschenden Energien zu fühlen. Sie können versuchen, mit dem Pendel Wasseradern und künstlich verlegte Leitungen zu finden und sogar dessen Durchflussmenge bestimmen. Auf einem Wegstück den Hang hinauf sind Steine mit einer besonderen Wirkung verlegt worden, die Ihnen den Aufstieg leichter machen sollen – merken Sie, auf welcher Wegseite es müheloser hinauf geht? Wer nichts bemerkt, dem helfen Tiere und Pflanzen weiter. Denn manche Pflanzen und Tiere sind Strahlensucher (z. B. Katzen), andere hingegen flüchten vor Orten mit geopathischen Belastungen, wie zum Beispiel Pferde oder Hunde.

So sollen unsere Vorfahren vor über Hunderten von Jahren die Bauplätze ihrer Siedlungen danach gewählt haben, wo sich Pferde und Schafe gerne über längere Zeit aufhielten – hier war die Belastung durch Strahlen wohl am geringsten. Ameisen hingegen können kaum genug Strahlen bekommen und bauen ihre Hügel daher am liebsten auf Wasseradern oder anderen geopathischen Störzonen wie zum Beispiel entlang von Spalten in der Erdkruste. Sogar Erdbebenforscher interessieren sich mittlerweile für diese Besonderheit und versuchen, anhand des Verhaltens im Ameisenbau Erdbeben vorauszusagen. An weiteren Stationen des Pfades erfahren Sie, wie Pflanzen mit für ihr Wachstum ungünstigen Energien umgehen, was Verwerfungen in den Gesteinsschichten für Auswirkungen haben und kommen an einen Kraftort, der durch die Steinsetzungen der Radiästheten geschaffen wurde.

Bevor Sie wieder zur Bergstation der Gondelbahnen gelangen, überqueren Sie die zurzeit längste Fussgängerhängebrücke Europas, die das Lauitobel überspannt.

Grandiose Aussicht bei der Doppelpyramide

Öffnungszeiten: *Das ganze Jahr über geöffnet, von Mai bis Oktober finden an jedem 1. und 3. Samstag und 3. Sonntag im Monat diverse Führungen zwischen 2 und 5 Stunden statt. Anmeldung erforderlich!*
Preise: *Fr. 10.– bis 20.–*
Informationen: *Telefon 041 836 80 80, www.sattel-hochstuckli.ch*
In den Restaurants «Mostelberg», «Engelstock» und «Herrenboden» und an der Gondelbahnstation können Sie einen Pfad-Führer und Pendel kaufen.

20 Vom schönen Zugerberg hinunter in die Höllgrotten

Baar

Höllgrotten

Allenwinden

Schönegg

Oberwil

Hochwacht

Die Wanderung von Baar aus zu den Höllgrotten kennen viele – wir zeigen Ihnen einen neuen Weg vom Zugerberg aus auf schönen Pfaden zu dem grossen Höhlensystem. Sie wandern über ausgedehnte Weiden, Hochmoorfelder, kommen an verträumten Weilern vorbei und durchqueren das wilde Lorzentobel.

Route: Oberwil–Schönegg–Bergbahn Zugerberg–Hochwacht–Allenwinden–Höllgrotten–Baar Paradies

Länge: 12,5 km
Höhenmeter: ↑ 300 m, ↓ 660 m
Wanderzeit: 3,5 Stunden

Anreise: mit dem Schiff nach Oberwil
Rückreise: von Baar aus mit dem Zug zurück

Schifffahrtsgesellschaft: Zugersee Schifffahrt, Telefon 041 728 58 58 (Mo–Fr), Telefon 041 723 68 00 (Sa/So), www.zugersee-schifffahrt.ch

Weitblick vom Zugerberg

Die Wanderung zu den Höllgrotten beginnt mit einer Schifffahrt nach Oberwil am Zugersee. Folgen Sie dort den Wanderwegweisern in Richtung der Bergbahn Schönegg. Sie laufen kurz durch das kleine Oberwil, und steigen bald schon den Zugerberg hinauf. Im Hofladen des ersten Bauernhofs auf der linken Seite können Sie Obst, Schnäpse und weiteren Proviant kaufen (leider keine Zuger Kirschtorte). Man kann nur hoffen, dass diese ländliche Region am Fusse des Zugerbergs noch lange von Überbauungen verschont bleibt. Geniessen Sie die Errungenschaften der Moderne und fahren Sie mit der Zugerbergbahn hinauf. Oben angekommen, gehen Sie nach links in Richtung Hochwacht.

Der neuere Teil der Internatsschule Montana auf dem Zugerberg, die in den 20er-Jahren gegründet wurde, ist eine ziemliche Bausünde. Immerhin kann das Institut mit solch berühmten Ehemaligen wie John F. Kerry, Nicolas Hayek junior oder Marc Forster aufwarten. Anfangs laufen Sie für kurze Zeit auf Hartbelag, bald geht es jedoch schon rechts hinauf über einen kleinen, überwurzelten Weg, der Sie über eine Weide hinauf zum höchsten Punkt führt. Oben angekommen, haben Sie eine atemberaubende Aussicht auf sowohl Ägeri- als auch Zugersee und bis zu den Voralpen.

Auf der anderen Seite der Hochwacht geht es die sanft abfallende Weide wieder hinunter und links dem Weigweiser nach in Richtung Allenwinden. Für den Fall, dass Sie gute Verbindungen nach oben haben: Ich möchte in meinem nächsten Leben als Kuh wiedergeboren werden und hier treu guckend auf der Weide stehen. Stellenweise wandern Sie über Hochmoorfelder und müssen je nach Jahreszeit von Stein zu Ast springen, um trockene Füsse zu behalten. Der Urihof, an dem Sie vorbeikommen, ist einer der am schönsten gelegenen Betriebe auf dem Zugerberg. Beachten Sie das lustige Gedicht an der Hauswand über die Vorzüge von Äpfeln! Von Bilgerihof aus gehen Sie weiter hinab nach Allenwinden. Dort sind die Höllgrotten auch schon ange-

Wilde überwurzelte Wege

schrieben. Der Wanderweg führt zum Glück nur kurz ein Stück durch den Ort.

Hinter der Bushaltestelle «Egg» geht es rechts und bald schon in ein enges und wildes Tobel. Der malerische kleine Weg durch die Wildnis führt nahe an der Ruine der Burg Wildenburg vorbei, und der kurze Abstecher, für den Sie pro Weg kaum 5 Minuten investieren müssen, lohnt sich. Der Turm der Wildenburg ist noch zum Teil erhalten, auch die Grundmauern der anderen Gebäudeteile stehen noch. Eine Schautafel informiert darüber, wie die Burg früher komplett aussah. In der Mitte der Ruine finden Sie eine fest installierte Grillstelle. Nach dem kurzen Abstecher geht es wieder zurück und weiter hinab in das Tobel. Unten angelangt, werden Sie mit einem wunderschönen Wasserfall für das Auf und Ab im Tobel belohnt.

Kurz darauf überqueren Sie eine von Autos befahrene Strasse, an der sich die Bushaltestelle «Baar, Tobelbrücke-Höllgrotten» befindet. Wenn Sie es nach der Besichtigung der Höllgrotten besonders eilig haben und nicht nach Baar laufen möchten, können Sie zu dieser Haltestelle zurückkehren.

Zuerst überqueren Sie die Hauptstrasse und folgen kurz einem Teersträsschen. Schon bald geht es

Scheune auf dem Zugerberg

auf einem kleinen Waldweg in Serpentinen das Tobel hinunter. Auf meiner Wanderung habe ich mich hier übrigens fast zu Tode erschrocken, als etwas Rotes vom unteren Weg aus nach oben geschleudert wurde und neben mir durch die Luft sauste – ein Fahnenschwinger auf dem Weg unter mir übte gerade für den nächsten Umzug. Sie kommen unten direkt am Wasserkraftwerk der Lorze an. Hier unten können Sie rund 100 m flussaufwärts bis zur alten Holzbrücke laufen und sich verschiedene Generationen von Brücken anschauen. Über die Lorze und ihr Tal verlaufen hier nämlich drei Brücken. Die älteste und niedrigste ist aus Holz, die zweithöchste aus Stein und die höchste und modernste Betonbrücke ermöglicht eine Querung des Tobels, ohne dass die Autofahrer überhaupt merken, wie tief es hinab geht.

Wer direkt weiter zu den Höllgrotten will, folgt einfach den Wegweisern. Hier unten befinden Sie sich nun auf dem «Industrielehrpfad Lorze». Ihre Kinder fragen Sie gerade aus, wie denn Wasser zu Strom werden kann? Kein Problem! Auf der Südseite des Wasserkraftwerkes befinden sich zwei Informationstafeln des «Industrielehrpfades Lorze», die über die Geschichte des Kraftwerkes und über dessen Funktionsweise informieren. Der Weg führt nun bis zu den Höllgrotten immer unten an der Lorze entlang, stellenweise unter Felswänden hindurch. Die Lorze ist eine Mischung aus Wildbach und gezähmtem Gewässer, immer

Im Lorzetobel

weiter durch die Lorzeschlucht in Richtung Baar (ca. 3,5 km). Wenn Sie sich für die Richtung Baar auf dem Lorzeuferweg entscheiden, kommen Sie noch an weiteren Industrielehrpfad-Tafeln, dem Restaurant «Höllgrotten» und schönen Rastplätzen zum Grillieren vorbei. Ganz Hartgesottene «gönnen» sich ein Bad in der Lorze. Wenn Sie aus dem Wald herauskommen, folgen Sie dem J. Knobel-Steg nach links über die Lorze und gehen weiter auf dem Wanderweg in Richtung «Brauerei Baar». In den Häuschen, die Sie unterhalb des Weges sehen, waren früher die Arbeiter der Spinnerei untergebracht. Sie können auf der anderen Seite der Lorze das schöne Gebäude der Alten Ziegelei sehen. Folgen Sie immer den Wegweisern in Richtung «Brauerei». Diese Brauerei hat löblicherweise auch ein Restaurant, in dem Sie die Biere degustieren können und Ihre hungrigen Wanderermägen füllen können, bevor es mit dem Bus, der direkt bei der Brauerei hält, an den Bahnhof nach Baar oder Zug zurück geht.

wieder finden sich Schwellen und Korrekturmassnahmen. Zahlreiche Grillstellen und Bänke sind gut auf Besucheranstürme vorbereitet.

Bei den Höllgrotten angekommen, können Sie diese auf eigene Faust durchwandern. Auf den guten Weganlagen durch die grossen Höhlen gibt es beleuchtete Stalagmiten und Stalaktiten in skurrilen Formen und kleine Seen zu bewundern. Für die Besichtigung benötigen Sie rund 45 Minuten. In der Höhle herrschen konstant 10 Grad, packen Sie also auch im Hochsommer für die Besichtigung eine Jacke ein!

Nach dem Besuch der Höllgrotten können Sie entweder zurück zur Bushaltestelle an der Tobelbrücke laufen (ca. 1 km), oder Sie gehen

Öffnungszeiten Höllgrotten:
1. April–31. Oktober, täglich 9–17.30 Uhr
Preise: Fr. 5.– bis 10.–
Informationen: Telefon 041 761 83 70
http://www.hoellgrotten.ch/

21 Auf dem Felsenweg am Bürgenstock

Unternehmen Sie mit einem der fünf Dampfschiffe, die noch auf dem Vierwaldstättersee verkehren, einen Ausflug in die Belle Époque! Aber nicht nur die Schifffahrt selbst wird Sie in diese schöne Zeit zurückversetzen, sondern die Epoche ist Programm während des gesamten Ausfluges. Es gilt, die Welt des Hotellerie-Pioniers Franz Josef Bucher zu entdecken, dessen «Schweizerische Hotelgesellschaft» das damals grösste Hotelunternehmen seiner Zeit war.

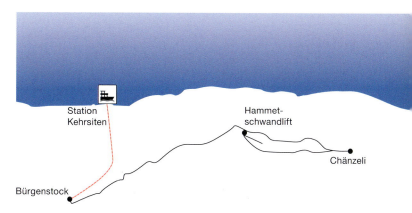

Route: Kehrsiten–Bürgenstock–Hammetschwand–Chänzeli–Bürgenstock–Kehrsiten

Länge: 4 km
Höhenmeter: ↑ 130 m, ↓ 270 m
Wanderzeit: 1,5 Stunden

Anreise: mit dem Schiff von Luzern nach Kehrsiten-Bürgenstock
Rückreise: mit dem Schiff von Kehrsiten-Bürgenstock zurück nach Luzern

Schifffahrtsgesellschaft: Schifffahrtsgesellschaft des Vierwaldstättersees, Telefon 041 367 67 67, www.lakelucerne.ch

Von der Schiffsanlegestelle «Kehrsiten-Bürgenstock» aus geht es mit der historischen Bergbahn steil den Hang hinauf. Diese wurde auf Initiative von Bucher erbaut, um den Gästen des Ressorts Bürgenstock die Anreise zu erleichtern. Die Bahn war zu der Zeit, als Sie erbaut wurde, die einzige elektrisch betriebene Standseilbahn der Schweiz. Eine weitere Besonderheit aufgrund der topologischen Begebenheiten war, dass die Bahn einspurig mit einer Ausweichstelle für das Kreuzen der beiden Wagen gebaut wurde und so ermöglichte, ohne Umzusteigen die gesamte Strecke zu bewältigen.

Steile Fahrt zum Bürgenstock

Nach einer Fahrt mit atemberaubender Aussicht erreichen Sie das Ressort Bürgenstock mit Hotel, Restaurants und verschiedenen Freizeitangeboten, welches durch Bucher sowie seinen Compagnon Josef Durrer eröffnet wurde. Wir lassen die Gebäude jedoch links liegen und begeben uns auf eines seiner spektakulärsten Projekte – den Felsenweg mit dem Hammetschwandlift. Vorbei an einigen Gebäuden des Ressorts erreichen Sie schon nach wenigen Metern den Anfang des Felsenweges. Zu Beginn führt der Weg eher gemächlich den Hang entlang. Vom Weg aus hat man, wenn er nicht gerade durch ein Waldstück führt, immer

wieder eine grandiose Aussicht auf die verschiedenen Arme des Vierwaldstättersees bis nach Luzern und das atemberaubende Alpenpanorama. Über die Jahre wandelten Persönlichkeiten aus den verschiedensten gesellschaftlichen Bereichen über diesen berühmten Weg, unter ihnen Konrad Adenauer, Audrey Hepburn und Sophia Loren. Auch James Bond hat es bereits hierher «verschlagen», als hier 1967 Dreharbeiten zu «Goldfinger» stattfanden. Schon nach kurzer Zeit gilt es, einige Höhenmeter zu überwinden. Diese können Sie entweder gemütlich über die lang gezogenen Serpentinen oder direkter über die Natursteintreppen bewältigen.

Nach gut 1 km erreichen Sie die Talstation des Hammetschwandliftes, dem höchsten und schnellsten Aussenlift Europas. Er wurde 1903 gebaut und überwindet in einer guten Minute insgesamt 152,8 m. Die Liftkabine verfügt auf drei Seiten über Glaswände, welche während der gesamten Fahrt eine herrliche Weitsicht erlauben. Die Fahrt fordert jedoch ein bisschen Schwindelfreiheit, oben angelangt führt der Weg beim Verlassen des Liftes über eine schmale Brücke hinüber auf festen Boden. Direkt bei der Bergstation befindet sich das Restaurant «Hammetschwand».

In rund 5 Minuten erreichen Sie den höchsten Punkt des Bürgenstocks, von wo Sie eine faszierende Rundumsicht auf grosse Teile des Vierwaldstättersees sowie natürlich die Berge haben. Zurück beim Restaurant folgen Sie nun dem Weg Richtung Westen zum Chänzeli. Dieser Weg, welcher mittlerweile zu einem typischen, schmalen Bergweg geworden ist, führt Sie über idyllische Kuhweiden, durch Nadelwälder und vorbei an einer kleinen Höhle kontinuierlich den Berg hinunter. Nach rund 800 m treffen Sie auf das andere Ende des Felsenweges, lassen ihn aber für den Moment im wahrsten Sinne des Wortes links liegen und folgen dem Weg für weitere 100 m geradeaus, bis Sie das Chänzeli erreichen.

Dieser Ort lädt zum Verweilen und Geniessen ein – lassen Sie im kühlenden Schatten unter den Bäumen den Blick über See und Berge schweifen und machen Sie bei einer Rast ein Picknick. Anschliessend gehen Sie die letzten 100 m des Weges zurück und folgen dann dem Felsenweg. Dieser Teil des Weges ist sehr spektakulär und erst seit wenigen Jahren wieder geöffnet – von 1972 an war er für längere Perioden immer wieder gesperrt. Erst nach einer umfassenden Sanierung und einer teilweise neuen Streckenführung durch mehrere Tunnels ist der Weg seit 2006 wieder in seiner gesamten Länge begehbar. Der Teil vom Chänzeli zurück zu der Talstation des Hammetschwandliftes beeindruckt vor allem wenn man die

Waldweg zum Chänzeli

Hammetschwand-Lift

Leistung bedenkt, welche vor über 100 Jahren bei dem Bau des Felsenweges erbracht wurde. An einigen Stellen sind noch Überbleibsel des ursprünglichen Weges mit seinen Kragenkonstruktionen zu bestaunen. Aber auch die neuen Tunnels und Galerien sowie die steil abfallenden Felswände zur Rechten sind sehr beeindruckend. Nach imposanten 800 m erreichen Sie den Hammetschwandlift, von wo aus Sie der Weg wieder zurück zum Ressort Bürgenstock führt.

Öffnungszeiten: Mitte April bis Mitte Oktober, je nach Wetter.
Informationen: Telefon 041 612 90 90
www.buergenstock.ch

22 Ausflug zur Glasi Hergiswil

Die Glasi Hergiswil ist die einzige noch existierende Glashütte in der Schweiz, in der Glas mundgeblasen und von Hand verarbeitet wird. Hier können Sie nicht nur die Herstellung der Glaswaren besichtigen, sondern erleben den Stoff Glas in allen seinen Facetten spielerisch und hautnah. Nach diesem Besuch werden Sie Glas definitiv mit anderen Augen sehen.

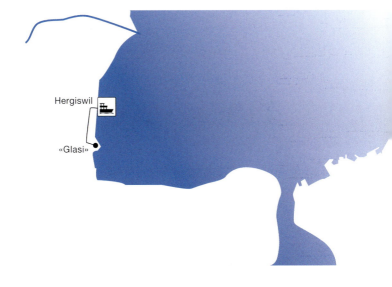

Hergiswil

«Glasi»

Anreise: mit dem Schiff von Luzern nach Hergiswil
Rückreise: mit dem Schiff von Hergiswil zurück nach Luzern

Schifffahrtsgesellschaft: Schifffahrtsgesellschaft des Vierwaldstättersees, Telefon 041 367 67 67, www.lakelucerne.ch

Schippern Sie über den See nach Hergiswil.

Von Luzern aus dauert die herrliche Fahrt mit dem Schiff rund 1 Stunde, bis Sie an der Haltestelle Hergiswil anlanden. Gehen Sie hinauf bis zur Strasse, wenden Sie sich dort nach links und Sie erreichen die «Glasi» in rund 5 Minuten. Die Besichtigung der «Glasi» ist kostenlos und bietet eine erstaunliche Fülle von Möglichkeiten für Menschen jeden Alters: Sie können den Glasbläsern bei der Arbeit zuschauen, eines der schönsten Museen Europas besuchen, im Glas-Labyrinth vollkommen die Orientierung verlieren, die historische Glas-Ausstellung bewundern, die grosse, klingende Murmelbahn mit Murmeln füttern, im Glasi-Park den See geniessen, sich in der Glasi-Bar mehr auf den Inhalt der Gläser konzentrieren, oder im Direktverkauf den Versuchungen erliegen.

Das *Glas-Labyrinth* stellt uns Menschen, die wir uns primär über die Augen orientieren, auf eine harte Probe. Alle Wände sind natürlich aus Glas, und somit durchsichtig oder verspiegelt. Tastende Hände sind gefragt, um den Ausgang zu finden – auf den Sehsinn ist hier kein Verlass!

Die liebevoll gestaltete Ausstellung zum Anfassen «Phänomenales Glas» öffnet den neugierigen Besuchern im wahrsten Sinne Augen und Ohren. Sie können eine Vielzahl optischer und akustischer Experimente durchführen, und erleben, wozu das allgegenwärtige und für uns so selbstverständliche Material Glas in der Lage ist. Hier ein Tipp an alle Eltern mit Kindern im «Warum?-Frage-Alter»: Frischen Sie vor dem Besuch Ihre Kenntnisse in Physik (u. a. Optik und Akustik) auf – Sie werden Ihren faszinierten Kindern einiges zu erklären haben! Im Nachbargebäude befindet sich das Herz der «Glasi», der Ofen, an dem die Glasbläser arbeiten. Von einer Galerie aus kann man ihnen beim Giessen, Blasen und Formen des flüssigen Glases zuschauen. Wer es ihnen nachmachen möchte, kann auf der Zuschauergalerie selbst eine Kugel blasen. Wer lieber ein Souvenir hätte, mit dem er zu Hause auch etwas anfangen kann, wird mit Sicherheit in einem der Läden der «Glasi» fündig werden, wo Glaswaren aller Art verkauft werden.

In der Flühliglas-Ausstellung «Glas Juwelen» kommen an der Geschichte des Glases Interessierte auf ihre Kosten. Auch wer bisher nicht interessiert war, wird durch den kurzen Film zur Geschichte des Flühli-Glases möglicherweise für das Thema der Industriegeschichte entfacht (drücken Sie den roten Knopf in der Mitte des Raumes!). 1723 zogen die Gebrüder Siegwart aus dem Schwarzwald durch das Entlebuch. Nachdem die dortigen Wälder nach einiger Zeit stark abgeholzt waren und das wichtige Holz für die Öfen knapp wurde, musste die Glasproduktion weiterziehen. 1817 wurde die Glasherstellung in Hergiswil aufgenommen. Das ausgestellte Flühliglas aus dem 18. und 19. Jahrhundert gibt Aufschluss über die Alltagskultur der jeweiligen Zeit.

Das Glasi-Museum ist etwas ganz besonderes. Es ist kein Museum im klassischen Sinne, in dem Sie sich Exponate in Vitrinen anschauen. Stattdessen gehen Sie auf eine Zeitreise durch ein Illusionskabinett, das Sie die Geschichte des Glases und der Glasi Hergiswil mit allen Sinnen erleben lässt. Dieses Museum wurde 1996 verdient zu «einem der schönsten Museen Europas» gekürt.

Im Glas-Archiv können Sie viele Produkte besichtigen, die bereits

Bei den Glasbläsern

in der «Glasi» hergestellt wurden. Hier findet sich alles auf engstem Raum, von Einmachgläsern über medizinische Geräte, Apothekerflaschen und Parfumflakons bis zu gewöhnlichen Trinkgläsern und zentnerschweren Aschenbechern. Auch die eine oder andere Stilsünde ist hier zu finden, aber aus welchem Jahrzehnt diese für Sie stammen, obliegt Ihrem persönlichem Geschmack. Etwas abseits finden sich einige sehenswerte alte Werbeplakate für Glaswaren. Ich finde, es sollte heute auf Plakaten wieder mehr für Einmachgläser geworben werden!

Im Aussenbereich der «Glasi» befindet sich ein Spielplatz für Kinder, der natürlich ganz im Zeichen des Glases angelegt wurde. Ein Automat versorgt Sie mit Glaskugeln, und dann kann es losgehen! Auf der 7 m hohen Kugelbahn (mit integrierter Rutsche) können Sie die Kugeln auf die Reise schicken und dem «Kling» und «Pling» lauschen, wenn die Kugeln von Glaselement zu Glaselement fallen. Ein op-

tisches und akustisches Erlebnis. An das eine oder andere historische Murmelspiel, dessen Regeln Ihnen im Aussenbereich erklärt werden, erinnern sich möglicherweise ältere Besucher, die früher noch mit Murmeln auf der Strasse spielen durften. Für eine Rundfahrt in der Hergiswiler Bucht können Sie ein Pedalo mieten. Picknicken ist ausdrücklich erlaubt, und wer sich lieber bedienen lässt, kann zwischen Restaurant, Café, Pub und Bar am See wählen.

Akustische Experimente mit Glas

Öffnungszeiten: Mo–Fr 9–18 Uhr, Sa 9–16 Uhr (Glasbläser arbeiten auch samstags!)
Preise: Die gesamte Anlage ist gratis, abgesehen vom Glas-Labyrinth, das Fr. 5.– kostet (Kinder unter 10 Jahren in Begleitung von Erwachsenen zahlen nichts) und dem Blasen der Glas-Kugel (ca. Fr. 20.–)
Informationen: Glasi Hergiswil, Seestrasse 12, 6052 Hergiswil NW Telefon 041 632 32 32, www.glasi.ch

23 Wanderung am Brienzersee von Oberried nach Ringgenberg

Dieser Abschnitt des Jakobswegs führt Sie von Oberried her oberhalb des Brienzersees ins schöne Ringgenberg. Hier erwartet Sie die Burgkirche, von deren Turm Sie die Landschaft gut überblicken können, und das kleine naturbelassene Burgseeli mit seinem schönen Freibad.

Route: Oberried–Niederried–Ringgenberg

Länge: 9,5 km
Höhenmeter: ↑ 400 m, ↓ 400 m
Wanderzeit: 2,45 Stunden

Anreise: mit dem Schiff nach Oberried
Rückreise: mit dem Schiff von Ringgenberg zurück

Schifffahrtsgesellschaft: BLS Schifffahrt Berner Oberland, Telefon 058 327 48 11, www.bls.ch/Schiff

Ringgenberg

Nehmen Sie das Schiff von Interlaken, Brienz oder einer anderen
Anlegestelle bis an die Gestade
von Oberried. Dort gehen Sie an
Land links und folgen dem Jakobsweg mit der Weitwanderwegnum-
mer 4. Oberried ist ein hübscher
kleiner Ort, wo Sie viele Tische und
Bänke direkt am See vorfinden und
Badestellen Sie dazu verführen
wollen, den Tag mit Sonnenbaden
zu verbringen, anstatt nach Ringgenberg zu laufen.
Sie werden zunächst auf Hartbelag
am See entlang und dann ein Stück
den Berg hinauf geführt. Es geht
zwischen Kuhweiden hindurch und
in den Wald. Zum Glück wird der
geteerte Weg bald zu einem breiten Naturweg. Nachdem Sie ein
beeindruckend schönes Seientental,
den Farlouwiggraben, durchquert
haben, wird die «Waldautobahn»
zu einem schönen kleinen Pfad
und führt weiter durch Buchen-
wälder. Folgen Sie einfach immer
dem Jakobsweg. In Niederried geht
es für rund 700 m wieder auf Hartbelag, wofür die Aussicht auf den
Brienzersee jedoch entschädigt.
Hier laufen Sie übrigens streckenweise an einem Planetenweg entlang, die irgendwann sehr in Mode
gewesen sein müssen. Ich habe das
Gefühl, diese Planetenwege sind
ü-ber-all! Dieser hier vermittelt im
Massstab von 1:1 Milliarde (norma-
les Wandertempo entspricht der
fünffachen Lichtgeschwindigkeit)
und auf einer Länge von 12 km die
Grösse der Planeten und deren
Entfernungen voneinander. Falls
Sie es gerne warm haben, können
Sie sich freuen – die Sonne befindet sich in Ringgenberg! Am
Standort «Niederried Wyssechen»
können Sie sich entscheiden, ob
Sie weiter dem Pilgerweg folgen
möchten oder den etwas höher
gelegenen parallel verlaufenden
Weg wählen, der an der Ruine
Schadburg vorbeiführt.
Variante über die Schadburg: Folgen Sie dem Teersträsschen für
rund 200 m und gehen Sie bei der
Haarnadelkurve geradeaus auf
dem Feldweg weiter und für etwa
800 m zwischen Kuhweiden durch

und an Bauernhöfen vorbei. Nachdem er Sie für rund 100 m einem Waldrand entlang geführt hat, und sich von diesem wieder entfernt, zweigen Sie von eben diesem ab und gehen links in den Wald hinein. Von nun an geht es weiter über einen kleinen Waldweg direkt zur Ruine Schadburg, welche mitten im Wald liegt. Der Weg führt direkt an der ehemaligen Aussenmauer der Burg vorbei und geradeaus auf dem Kamm weiter. Nachdem Sie den Wald wieder verlassen haben, gelangen Sie wieder auf den Feldweg, dem Sie nach links folgen. Die Teerstrasse, auf welche Sie bald stossen werden, gehen Sie für 100 m geradeaus weiter, bis ein kleiner Weg steil den Berg hinunterführt. Diesem folgen Sie, bis Sie unten am Hang bei einem Bauernhof wieder auf den Jakobsweg treffen und rechts in Richtung Ringgenberg laufen.

Variante ohne Ruine Schadau, weiter dem Pilgerweg folgend: Hinter dem Ort führt der Weg langsam wieder den Hang hinauf. Sie kommen nach einer Weile an der aufwendig dekorierten Aufzuchtstation des Fischereivereins Ringgenberg vorbei, in der die Fische aufwachsen, bevor sie im Brienzersee ausgesetzt werden. Extreme Sauberkeit kann für einen See auch ein Fluch sein, wenn die Tiere darin zu wenig Futter finden,

Burgkirche Ringgenberg

um gross und stark zu werden. Auf einer grossen Lichtung liegt ein alter Steinbruch, ein richtiges Stück Industriegeschichte, neben dem sich auch noch das schmucke alte Gebäude einer Schmiede befindet. Gehen Sie am Standort Rosswald nicht links hinunter nach «Ringgenberg Station», sondern geradeaus weiter auf dem Jakobsweg in das schöne Ringgenberg und direkt zum historischen Bahnhofsgebäude. Von dort aus folgen Sie den Wegweisern in Richtung Schiffsanlegestelle. Nachdem Sie die Gleise überquert haben, laufen Sie direkt rechts parallel zu denselben entlang. Ringgenbergs Dorfbild beeindruckt mit seinen zahlreichen alten Chalets. Es geht weiter den Pilgerweg entlang, der natürlich – wie es sich für Pilgerfahrten gehört – zur Kirche führt. Die Kirche von Ringgenberg wurde im 17. Jahrhundert auf Ruinen der Burg der Herren von Ringgenberg erbaut. Es führen zwei Treppen neben dem Heimatmuseum hinauf, nehmen Sie vorsichtshalber die rechte Treppe, wenn Sie sich den Burghof anschauen wollen. Dort können Sie bis ganz hinauf auf den Rest des Turmes steigen und den See überblicken! Die Burgruine wurde 2008 saniert, und die verschiedenen Burghofkonzerte sind der ganze Stolz der Kirchgemeinde. Bei der Kirche befindet sich auch das kleine Dorfmuseum von Ringgenberg. Es besteht aus Wohnhaus, Spycher, Stöckli und Backhaus. Sie sind mit kunstvollen Schnitzereien dekoriert und wirken ein bisschen wie ein «Ballenberg en miniature». Im Sommer finden hier wechselnde Ausstellungen statt und im Juli und August wird im alten Holzofen Brot gebacken und verkauft.

Folgen Sie weiter dem Jakobsweg. Sie gehen wieder ein Stück den Gleisen entlang, wenn diese im Tunnel verschwinden, gehen Sie rechts den kleinen Weg hinauf. Bei der nächsten Weggabelung gehen

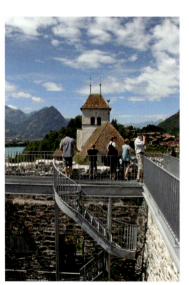

Auf dem Burgfried der Kirche

Kirchentreppe hinab zum Dorfmuseum

brachten, konnte man diesen natürlich nicht sagen, man hätte einen kleinen «rotten lake» im Dorf. Man hatte die Befürchtung, die Gäste würden sich wegen des Namens ekeln, so gesund ein Bad darin auch sein mochte. Seither heisst der See Burgseeli. Seine heilende Kraft hat das Wasser dadurch aber nicht eingebüsst. Das Moorgewässer hilft bei äusseren Wunden und diversen anderen Erkrankungen – aber auch Kerngesunde geniessen im Sommer das Naturstrandbad. Annehmlichkeiten wie Nichtschwimmerbecken, Babybassin, Kinderspielplatz und natürlich die Liegewiese mit den zahlreichen Bäumen machen das Burgseeli zu einem lohnenden Ziel des Ausfluges. Mit ein bisschen Glück können Sie hier sogar Seewasserschildkröten sehen!

Die Schiffsanlegestelle in Ringgenberg ist rund 1 km vom Burgseeli entfernt. Gehen Sie dafür zurück in Richtung Kirche und folgen Sie den Wegweisern mit dem Schiff darauf.

Sie nach links. Nachdem Sie an einigen Häusern vorbeigekommen sind, gehen Sie am Beginn des Vitaparcours rechts hinauf und kommen so oberhalb des Burgseelis an. Das Burgseeli in Ringgenberg hiess nicht immer so. Früher hiess der See Fuuleseeli (also Faulensee). Als aber ab 1900 immer mehr Engländer in dem Kurort ihre Ferien ver-

Hinter Niederried wusste uns eine sehr sympathische ältere Dame die folgende Sage über die Ruine Schadburg zu erzählen: Eine junge Frau von Iseltwald sollte Kuno von Ringgenberg heiraten. Sie weigerte sich jedoch, woraufhin sie der Burgherr gefangen nehmen liess. Sie konnte in einem unbeobachteten Moment während der Fahrt über den Brienzersee jedoch ins Wasser springen und zurückschwimmen. Aus Rache zerstörte der Vater der jungen Frau die Schadburg, sodass heute nur noch wenige Überreste von dieser zu sehen sind.

24 Mit dem Trottinett das Niederhorn hinab

Von der Beatenbucht fahren Sie mit Standseilbahn und Gondelbahn rund 1350 m hinauf auf den Hausberg von Beatenberg.
Die Wanderung am Grat entlang und durch die grandiose Bergland-schaft führt Sie nach Vorsass, von wo aus Sie mit dem Trottinett auf einer 6 oder 12 km langen Route das Niederhorn hinabsausen.

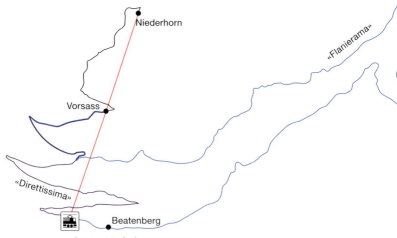

Route: Niederhorn–Vorsass

Länge: 2 km
Höhenmeter: ↑ 30 m, ↓ 410 m
Wanderzeit: 1 Stunde

Trottinett «Direttissima»
Länge: 6 km
Höhenmeter: ↑ 20 m, ↓ 450 m

Trottinett «Flanierama»
Länge: 12 km
Höhenmeter: ↑ 160 m, ↓ 600 m

Anreise: mit dem Schiff nach Beatenbucht
Rückreise: mit dem Schiff von Beatenbucht zurück

Schifffahrtsgesellschaft: BLS Schifffahrt Berner Oberland, Telefon 058 327 48 11, www.bls.ch/Schiff

Für diese Wanderung benötigen Sie gute Schuhe – bei Nässe sind auch Wanderstöcke eine gute Idee. Der Pfad ist teilweise steil und bei nebligem, feuchtem Wetter kann es ziemlich rutschig werden. Nehmen Sie das Schiff von Thun, Spiez oder Interlaken aus bis zur Beatenbucht. Von dort aus bringt Sie die Standseilbahn hinauf bis zur Talstation der Gondelbahn. Geniessen Sie die Vogelperspektive auf Ihrer Fahrt hinauf aufs Niederhorn. Hier oben existieren ein paar kindergerechte Orientierungslauf-Routen mit verschiedenen Schwierigkeitsstufen, auf deren Pfaden Sie das Niederhorn auch entdecken können. Karten mit den Routen finden Sie in der Nähe der Bergstation. Wer seine ausgefüllte Karte bei Vorsass in die Urne wirft, kann am Ende der Saison sogar etwas gewinnen!

Direkt neben der Bergstation liegt das 2010 umgebaute Bergrestaurant, das modernen Einrichtungshaus-Charme versprüht. Rund 1350 m haben Sie sich von den Bahnen vom See den Berg hinauf bringen lassen, aber die restlichen 30 Höhenmeter bis zum Gipfel mit seiner überwältigenden Aussicht müssen Sie selbst erklimmen. Der Umweg auf den Gipfel dauert nur rund 5 Minuten, Ausreden gelten

In Spiez können Sie das Schiff besteigen.

Mit der Seilbahn geht es weit hinauf.

in diesem Fall also nicht. Anschliessend folgen Sie dem Wanderweg in Richtung Haberelegi, der anfangs über eine Kuhweide führt. Rechts neben Ihnen fällt der Berg steil ab, und es scheint sinnvoll, Kinder an die Hand und Hunde an die Leine zu nehmen. Auf der anderen Seite des Tales erhebt sich das Sigriswiler Rothorn. Sie haben hier eine wunderschöne Sicht auf den sehr klein wirkenden Thunersee und bis in die Vogesen, das Schwarzenburgerland und natürlich auf die Alpen. Im Spätsommer und Herbst können Sie sich auf einen gesunden Snack aus der Natur freuen, da Sie durch ein Meer von Heidelbeerbüschen wandern.

Im weiteren Verlauf dieser Wanderung führt der Weg durch einen typischen Bergwald mit seinen knorrigen Nadelhölzern. Nachdem Sie rund 1,5 km einen manchmal recht steilen Weg durch die grandiose Berglandschaft hinabgestiegen sind, zweigen Sie bei «Vorsass Türli» in Richtung Vorsass ab. Nachdem Sie den Wald wieder verlassen haben, führt der Weg durch eine Moorlandschaft, aus welcher ein kleines Bächlein entspringt. In Vorsass angekommen, erwartet Sie schon das Bergrestaurant mit dem für Bergbeizen typischen Angebot und einer Besonderheit: Sie können ein Zvieri-Säckli kaufen, das aus einem Halstuch gefüllt mit

Trockenwurst, Käse, Brot und einer Frucht besteht.

An der Mittelstation Vorsass der Niederhornbahn steht Ihr Trottinett mit Helm schon bereit – los gehts, den Berg hinunter! Anfangs fahren alle Trottinettler dieselbe Strecke. Nach einer Weile, bei Bodenalp, müssen Sie sich dann für eine von zwei Routen entscheiden, die kurze und steilere «Direttissima» (6 km, ca. 30 Minuten), oder die längere und gemütliche «Flanierama» (12 km, ca. 1:15 Stunden). Die kürzere Route führt anfangs über eine etwas holprige Naturstrasse und im zweiten Abschnitt auf einer Teerstrasse durch meist offenes Gelände. Die längere Route führt Sie auf der ersten Hälfte der Strecke über eine Naturstrasse vorbei an Bergwiesen und durch Wälder. An etlichen Stellen haben Sie die Gelegenheit, an einer der Grillstellen eine Rast einzulegen. Bald schon treffen Sie dann auf den Beatusweg mit seinen verschiedenen Stationen, welche Auskunft über die Sage des heiligen Beatus geben – zum Beispiel wie er den Drachen aus den Höhlen vertrieben hat. Nach einigen Kilometern Fahrt durch die Natur erreichen Sie Waldegg, wo Sie sich rechts halten müssen und der Hauptstrasse folgend auf dem Trottoir quer durch das lang gezogene Beatenberg zurück zur Talstation fahren.

Preise: Mietpreis für 2 Stunden Trottinett: Fr. 12.– (nur das erste Kind einer Familie muss etwas bezahlen)
Weitere Informationen:
Telefon 033 841 08 41
www.niederhorn.ch

Sicht auf den Niesen von der Beatenbucht aus

25 Rundwanderung auf dem Monte Caslano – mit Ausflug in die Schokoladenfabrik

Im Naturschutzgebiet auf dem Monte Caslano begehen Sie den interessanten Naturlehrpfad, der Ihnen auf kleinstem Raum eine enorme biologische und geologische Vielfalt erschliesst. Danach können Sie in der Schokoladenfabrik «Alprose» die Schokoladenherstellung live miterleben und im Museum zahlreiche Zeugnisse der Industriegeschichte rund um die Schokolade bewundern.

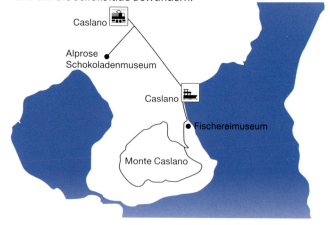

Route: Schiffsanlegestelle Caslano–Monte Caslano–Schokoladenfabrik «Alprose»–Caslano

Länge: 7 km
Höhenmeter: ↑ 275 m, ↓ 275 m
Wanderzeit: 2 Stunden

Anreise: mit dem Schiff nach Caslano
Rückreise: mit dem Schiff oder Zug von Caslano zurück

Schifffahrtsgesellschaft: Società navigazione Lago di Lugano, Telefon 091 971 52 23, www.lakelugano.ch

Typisches Tessiner Fischerboot

Wenn Sie mit dem Schiff in Caslano angekommen sind, gehen Sie nach links und an der Kreuzung wieder links in die Via Meriggi. Sie gelangen so zum Fischereimuseum mit der Hausnummer 32, dem Museo della Pesca. Wenn Sie die Fischer mehr reizen als das Schokoladenmuseum, können Sie auch das moderne Fischreimuseum zu Ihrem heutigen Ausflugsziel machen. Es zeigt mehrere Hundert Objekte rund um die Fischerei und beleuchtet dessen Geschichte, berichtet von frühester Fischereigesetzgebung, bringt verschiedene Fischereitechniken näher und stellt drei alte Tessiner Fischerboote aus mit samt komplett von Hand geknüpften Netzen, Körben und Reusen.

Zwischen den Häusern Via Meriggi 28 und 30 führt Sie der Sentiero ai Grotti den Monte Caslano hinauf. Hier können Sie entweder direkt in eines der Grotti einfallen, oder der Versuchung widerstehen und sich den Genuss für den Rückweg aufheben. Der Rundweg im Naturschutzgebiet des Monte Caslano führt Sie an insgesamt 15 Informationstafeln vorbei, die – anders als manche andere ihrer Art – wirklich spannende Informationen über die Entstehungsgeschichte des Monte Caslano und die ökologischen und geologischen Besonderheiten bieten. Die Tafeln sind zwar auf Italienisch, aber einerseits gut bebildert, andererseits können Sie sich unter diesem Link die lohnende deutsche Überset-

Auf dem Monte Caslano

zung ausdrucken und mitnehmen:
www.malcantone.ch/attachment.
php?id=84.

Auch auf dieser Wanderung kommen im Herbst Maroni-Liebhaber nicht zu kurz (überzeugte Barfusswanderer müssen also Masochisten sein, um hier Spass zu haben). Auf dem Monte Caslano kommen Sie immer wieder an Gesteinsaufschlüssen vorbei, also Stellen, die den Gesteinsuntergrund und dessen Schichtung offen zeigen. Sie können also versuchen, in der Entstehungsgeschichte des Berges zu lesen. Bei der Infotafel 10 können Sie kurz vom Weg abkommen und an einem Aussichtspunkt beinahe auf Italien spucken – so nah ist hier das gegenüberliegende Festland.

Nach der Tafel 10 gelangen Sie an eine Weggabelung, an der Sie zunächst dem Schild in Richtung «Capella» folgen. Wenn der Sentiero Didattico wieder angeschrieben

ist, und ein Holzpfeil in die Richtung des direkten Wegs zur Kapelle zeigt, nehmen Sie den Weg nach rechts. Anschliessend kommen Sie wieder zu einer Gabelung und gehen hier auf dem kleineren Weg geradeaus den Hügel hinab. Hinter der Tafel 13 treten Sie aus dem Wald und finden sich in einer völlig anderen Umgebung wieder. Magerwiesen und raue Felswände lösen den Kastanienwald ab und erlauben eine wunderschöne Aussicht auf den See. Sie laufen unterhalb der imposanten Verwerfung des Monte Caslano vorbei, der steil hinaufragenden Dolomitformation, die sich während des Tertiär vertikal in die Höhe geschoben hat. Ein bedeutender alpiner Bruch und die Verschiebungen in der Erdkruste, die den Monte Caslano geformt haben, werden hier gut sichtbar.

Wieder bei den Grotti angekommen, gehen Sie erneut den Sentiero ai Grotti hinab und kommen somit wieder am Ufer des Sees an. Um zum Museum und Betrieb der Schokoladenfirma «Alprose» zu gelangen, gehen Sie zurück nach Caslano und folgen den Wanderwegweisern immer in Richtung «Bahnhof», bis Sie kurz vor dem Bahnhof links in die Via Rompada einbiegen. Das Firmengelände hat die Hausnummer 36 und ist schwer zu übersehen. Das kleine Museum beherbergt historische Maschinen zur Herstellung von Schokolade, Schokoladenautomaten, die früher in den Strassen standen, historische Verpackungen und viele weitere Zeugnisse der Industriegeschichte rund um die Schokolade. Alte Sammelbildchen, die noch gebügelt und in Hefte geklebt wurden, können hier genauso besichtigt werden wie edle Schokoladenkannen und ganze Services, die eigens für den damals luxuriösen Genuss von Trinkschokolade in keinem Haushalt fehlen durften, der etwas auf sich hielt.

Die Besichtigung der Fertigungsanlagen ist ein Erlebnis für sich, da Sie oberhalb der Maschinen in einem Gang aus Plexiglas durch die Halle laufen. Die Maschinen stehen zwar am Wochenende und an Feiertagen still, man kann die Fabrikationshalle aber dennoch besichtigen. Nur durch die durchsichtigen Scheiben vom hygienischen Ort des Geschehens getrennt, fühlt man sich wie in einem Raum-

schiff aus den 8oer Jahren. Wer genug hat von Alltags- und Industriegeschichte und lieber kiloweise Schokolade kaufen möchte, für den hat «Alprose» einen Fabrikladen eingerichtet, den (gemäss meiner leidvollen Erfahrung) sogar diejenigen, die sich vorher noch vorgenommen hatten, nichts zu kaufen, mit schweren Tüten verlassen werden.

Um zum Bahnhof von Caslano zu gelangen, gehen Sie zurück zur Via Stazione, dort links und sind 100 m später am Ziel. Wenn Sie mit dem Schiff zurück über den See fahren möchten – den Weg zurück zur Schiffsanlegestelle kennen Sie ja bereits.

Historische Schokoladenverpackungen

Öffnungszeiten «Alprose»: Mo–Fr 9–17.30 Uhr, Sa/So 9–16.30 Uhr
Preise Schokoland: Fr. 1.– bis 3.–
Chocolat Alprose, Via Rompada 36, 6987 Caslano-Lugano
Telefon 091 611 88 56, www.alprose.ch
Öffnungszeiten Fischereimuseum: April–Oktober: Di, Do und So, 14–17 Uhr
Informationen: Museo della Pesca, Via Meriggi 32, 6987 Caslano
Telefon 091 606 63 63, www.museodellapesca.ch

26 Vom malerischen Morcote nach Melide zur «Swissminiatur»

Morcote bezaubert durch seine kleinen schönen Gassen und die weit oben thronende Kirche Maria del Sasso, hinter der es durch wilde Wälder und über alte Kopfsteinpfade nach Melide zur «Schweiz im Kleinformat» geht.

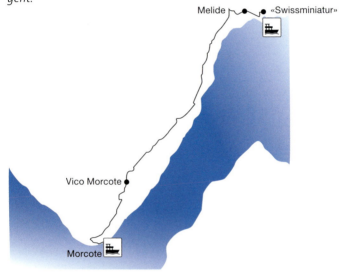

Route: Morcote–Vico Morcote–Melide

Länge: 5,5 km
Höhenmeter: ↑ 310 m, ↓ 310 m
Wanderzeit: 2 Stunden

Anreise: mit dem Schiff nach Morcote
Rückreise: mit dem Schiff von Melide zurück

Schifffahrtsgesellschaft: Società navigazione Lago di Lugano, Telefon 091 971 52 23, www.lakelugano.ch

Wenn Sie in Morcote vom Schiff kommen, sind Sie in einem Ort gelandet, den man eigentlich nicht so schnell wieder verlassen möchte. Zu schön sind die engen Gassen mit ihren Häusern, die Fassadenbemalungen und zum See offenen Lauben. Im 19. Jahrhundert war Morcote der grösste Hafen am Luganersee, an dem die Waren auf ihrem Weg nach oder von Italien umgeladen wurden.

Heute werden hier primär Touristen umgeladen. Nehmen Sie sich ein bisschen Zeit, um Morcote zu entdecken.

Um die Wanderung zu beginnen, gehen Sie an der Schiffsanlegestelle nach links in Richtung Melide. Spazieren Sie auf der rechten Strassenseite unter den Lauben, bis Sie zu den Wanderwegweisern kommen, die Ihnen den Weg rechts hinauf in Richtung Melide weisen. Eine monumentale Treppe führt Sie über gefühlte 1000 Stufen (in Wirklichkeit sind es aber «nur» rund 400) zur Kirche Santa Maria del Sasso und der Betkapelle des heiligen Antonius. Hier oben haben Sie eine weite Sicht über den See und den Monte San Giorgio auf der anderen Seeseite. Westlich liegt der Parco Scherrer, eine ungewöhnliche Gartenanlage, die durch ihre zahlreichen Statuen und Gebäude aus verschiedensten

Batisteri da Sant Antoni

Kulturen der Welt einen ganz speziellen Reiz hat. Arthur Scherrer, ein reicher Textilienhändler und Kunstliebhaber lernte auf seinen Reisen um die Welt Asien kennen und lieben, was sich in seinem vor rund 60 Jahren angelegten Park widerspiegelt.

Sie können entweder zwischen den beiden Agaven hindurchgehen, dann folgen Sie oberhalb der Kirche weiter dem Wanderweg nach rechts in Richtung Melide. Wenn Sie ohnehin schon in der Kirche sind, können Sie dort auch den anderen Ausgang nutzen und befinden sich so direkt wieder auf dem Wanderweg. Aber nicht, dass

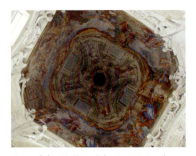

Kuppel der Batisteri da Sant Antoni

Sie mir einfach durch die Kirche wandern – das geht natürlich nur, wenn Sie diese besichtigen möchten. Auf der anderen Seite der Kirche liegt der überaus sehenswerte Friedhof aus dem 18. Jahrhundert mit seinen monumentalen historischen Gedenksteinen, den Familienmausoleen und den hohen Zypressen. Einige Familien haben sich hier gleich eine eigene Familienkapelle auf den Friedhof gestellt – so ist man auch nach dem Ableben nur unter sich.

Unterhalb des Friedhofs geht es zunächst einige Kopfsteinpflastertreppen hinunter und auf die Via Piana. Bei Sentée da la Gesa Nr. 2 geht es also weiter geradeaus. Folgen Sie der Strasse und gehen Sie nicht weiter die Treppen hinab. Grosse Oliven- und Khakibäume stehen in den Gärten der umliegenden Häuser und lassen ernsthaft mit dem Gedanken an ein Ferienhaus in Morcote spielen.

Bald schon führt eine kleine Treppe hinauf zu einem steilen, alten Kopfsteinpflasterweg, der am Waldrand entlang ansteigt. Wenn die Wanderwegweiser links die Sentée da Scöla hinauf zeigen, gehen Sie geradeaus weiter und gelangen nach Vico Morcote. Hier oben befindet sich die kleine Osteria «al Böcc» – und die gehört definitiv zum Pflichtprogramm für Geniesser! Der Schokoladenkuchen, der mir hier warm auf einem Schiefertäfelchen serviert wurde, ist Grund genug für eine Wanderung von Bern nach Vico Morcote. Auch zwei weitere Restaurants, «Alpe Vicania» und «La Sorgente», warten hier oben auf hungrige Wanderer.

In Vico Morcote gelangen Sie für kurze Zeit auf den Sentiero die Sensi – einen Pfad der Sinne. Den Sentée du Botin geht es hinauf, und oberhalb des kleinen Sportplatzes entlang. Hier laufen Sie wieder oberhalb der Bäume und Häuser und haben einen fantastischen Ausblick auf den See. Ein kleiner Pfad führt von nun an durch einen wilden, idyllischen Wald – und hin und wieder kommt eine Station des Sinnespfades, den Sie aber schon bald wieder verlassen (nach der Tafel 15) und auf dem regulären Wanderweg weiterwandern. Sie überqueren eine von Autos befahrene Strasse und tauchen

Altar der Santa Maria del Sasso

fach dem Strassenverlauf, zum Gelände der Miniaturschweiz geht es dann immer geradeaus.

In diesem Park können Sie bereits seit über 50 Jahren die Schweiz im Massstab von 1:25 entdecken. Eine über 3,5 km lange Modell-eisenbahn schlängelt sich an den 120 bedeutendsten Monumenten und Gebäuden vorbei, die über den 14 000 m² grossen Park verteilt sind. Auf dem Gelände befinden sich ferner ein Selbstbedienungsrestaurant und diverse Spielmöglichkeiten für Kinder. Nach Ihrem Besuch als Riese in einer kleinen Welt können Sie weiter parallel zum Damm am See entlanglaufen, bis Sie zur Schiffsanlegestelle gelangen.

jedoch sofort wieder in den wilden und naturbelassenen Wald ein. Die letzten Kilometer laufen Sie auf kleinen Pfaden durch diesen Wald und verlassen diesen erst in Melide wieder. Das Gelände von «Swiss-miniatur» ist vom Wald aus schon zu sehen, genau wie der künstlich errichtete Damm zwischen Melide und Bissone.

Dorthin ist es nun auch nur noch ein Katzensprung. Sie kommen am Fusse eines roten Hauses an, hinter dem Sie aus dem Wald getreten sind, und gehen geradeaus weiter die Strasse hinunter. An der nächsten Kreuzung folgen Sie der Strasse nach links in die Via Stefano Franscini. Folgen Sie ab jetzt ein-

Auf dem alten Friedhof von Morcote

In Vico Morcote vor dem «al Böcc»

Das wild blinkende Etwas auf der anderen Seeseite ist übrigens Campione d'Italia, die italienische Exklave. Deren Fläche beträgt zwar nur 1,6 km², doch gab dieser kleine Flecken Erde zwischen 1944 und 1952 eigene Briefmarken heraus und gilt in Briefmarkenkatalogen daher als eigenes Land. Das ist nicht die einzige Besonderheit. Um im Ersten Weltkrieg auf neutralem Boden einen Ort zu schaffen, wo ausländischen Politikern in entspannter Athmosphäre Geheimnisse entlockt werden konnten, öffnete 1917 die erste Spielbank. Heute ist das Casino das grösste in ganz Europa. Aber lassen Sie sich nicht verführen, und behalten Sie Ihr Ziel im Auge: «Swissminiatur»!

Öffnungszeiten Swissminiatur: *19. März–30. Oktober 2011, täglich 9–18 Uhr*
Preise: *Fr. 12.– bis 19.– (Kinder bis 5 Jahre gratis)*
Informationen: *Telefon 090 640 10 60, www.swissminiatur.ch*

27 Auf botanischer Weltreise auf den Brissago-Inseln

Auf den Brissago-Inseln mitten im Lago Maggiore lockt der botanische Garten mit einer unglaublichen Vielfalt an exotischen Pflanzen und Bäumen. Besonders im Frühjahr lohnt sich ein Ausflug, um die Farbenpracht und die Gerüche der blühenden Rhododendren- und Azaleenwälder zu erleben.

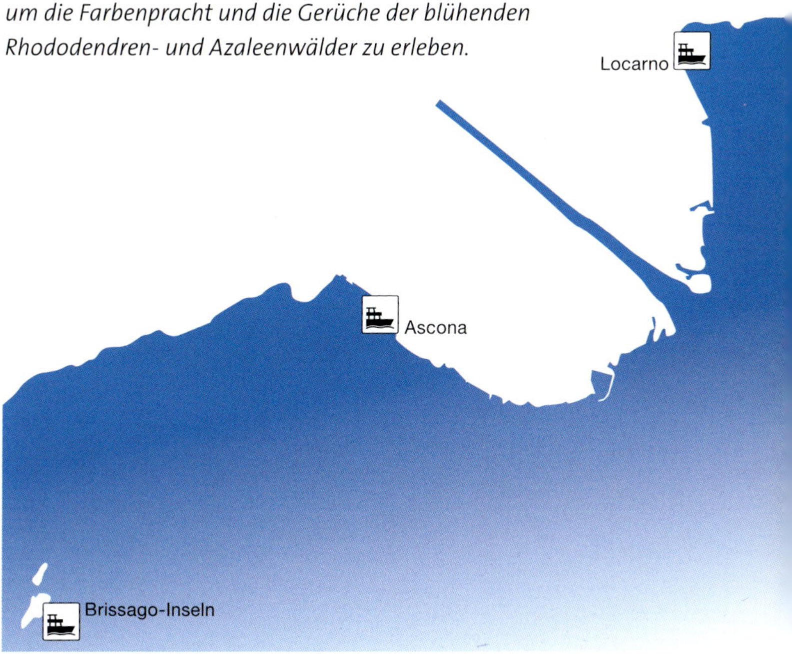

Locarno

Ascona

Brissago-Inseln

Anreise: mit dem Zug nach Locarno und von dort mit den Schiff zu den Brissago-Inseln.
Rückreise: Mit dem Schiff zurück nach Ascona, von Ascona zu Fuss oder mit dem Bus (Linie 316 Richtung «Locarno Stazione») zurück nach Locarno

Schifffahrtsgesellschaft: Navigazione Lago Maggiore, Telefon 091 751 61 40, www.navlaghi.it

Palazzo auf der Insel

Mit dem Schiff fahren Sie – hoffentlich bei bestem Tessiner Wetter – von Locarno oder Ascona aus auf die Isole di Brissago. Auf der Isola San Pancrazio (auch Isola Grande genannt) befindet sich der über 60 Jahre alte botanische Garten des Kantons Tessins. Ihr Rundgang auf der Insel wird zu einer botanischen Weltreise, auf der Sie Hunderte exotische Gewächse aus dem Mittelmeerraum, Afrika, Ozeanien, Amerika und den Subtropen Asiens entdecken.

Eine Zone ist speziell den Pflanzen aus Australien und den Inseln Ozeaniens vorbehalten. Hier stehen die grössten und ältesten Eukalyptusbäume der Schweiz. Zahlreiche Gingkobäume und wertvolle Teepflanzen (die zur Familie der Kamelien gehören) stellen weitere botanische Schätze der Inseln dar. Die unglaubliche Vielfalt von Düften und Farben wird Sie verzaubern! Zum Glück sind die Pflanzen in vier Sprachen angeschrieben. Während der Hauptsaison haben Sie die Möglichkeit, an einer Führung über die Insel teilzunehmen. Aktuelle Informationen entnehmen Sie bitte der unten genannten Webseite. Die kleinere Isola di Sant'Apollinare ist leider nicht öffentlich zugänglich. Sie bildet einen scharfen Kontrast zur grossen Insel, da sie nicht wie ihre grosse Schwester mit aufwendig gepflegten Exoten bepflanzt, sondern von einheimischen Pflanzen wild überwuchert ist. Auf ihr lassen römische Überreste und die Ruine einer Kirche auf die lange Besiedlungsgeschichte der Inseln schliessen, die in den vergangenen Jahrhunderten übrigens sehr abwechslungsreich war!

Vom 13. bis 16. Jahrhundert lebten hier noch Mönche, doch schon während der Renaissance war die Insel wieder entvölkert. Nur Kaninchen fühlten sich hier in grosser Zahl wohl und brachten der Insel im Volksmund den Namen «Isole dei Conigli» ein.

Eine Renaissance erlebten die Inseln im späten 19. Jahrhundert mit der sagenumwobenen russisch-deutschen Baronin Antoinette de Saint Léger. Sie hatte eine Schwäche für exotische Pflanzen und legte den Grundstein für den heutigen botanischen Garten. In den 1920er-Jahren verlor sie jedoch aufgrund von Fehlinvestitionen ihr Vermögen und musste die Inseln an den Wahrenhausmillionär Max Emden verkaufen. Dieser liess die alten Gebäude abreissen, erweiterte den Park und erbaute den vornehmen Palazzo im klassizistischen Stil. Emdens Enkel verkauften in den 1950er-Jahren die Inseln an den Kanton Tessin und wurden der Öffentlichkeit zugänglich gemacht.

Im Palazzo befindet sich heute ein Restaurant, auf dessen Terrasse Sie sich, mit dem Blick über die prachtvolle Vegetation des subtropischen Gartens, auch ein bisschen adlig fühlen können. Mit dem Schiff fahren Sie ans Festland von Ascona zurück. Schlendern Sie ein wenig durch den sonnenverwöhnten Ort und geniessen Sie auf der wunderschönen Seepromenade eine feine Glace. Von Ascona aus kommen Sie mit dem Schiff, dem Bus oder wenn Sie mögen sogar zu Fuss zurück nach Locarno.

Brissago-Insel vom See aus

Öffnungszeiten: *30. März–23. Oktober 2011, täglich von 9 bis 18 Uhr*
Preise: *Fr. 2.50 bis 8.–*
Informationen: *Parco botanico del Canton Ticino, 6614 Isole di Brissago*
Telefon 091 791 43 61, www.isolebrissago.ch
(Führungen jeweils dienstags um 11.30 Uhr, buchen Sie bis um 17 Uhr des Vortages telefonisch bei der Verwaltung der Inseln!)

28 Urige Dörfer und wilde Täler auf dem Sentiero Monti di Piazzogna

Diese Wanderung führt Sie durch wilde Täler, dichte Wälder und durch alte Ortschaften, die nur zu Fuss erreichbar sind. Im urigen Dorf Monti di Caviano können Sie die einzigen mit Roggenstroh gedeckten Häuser des Tessins bewundern. Im Herbst sind die Böden über und über mit Maroni bedeckt.

Route: Monti di Piazzogna–Monti di Gerra–Monti di S. Abbondio–Monti di Caviano–Caviano–Ranzo

Länge: 10,5 km
Höhenmeter: ↑ 550 m, ↓ 1120 m
Wanderzeit: 4 Stunden

Anreise: mit dem Schiff nach Vira (Gambarogno) und von dort mit dem Bus nach Monti di Fosano

Rückreise: mit dem Schiff von Ranzo zurück

Schifffahrtsgesellschaft: Gestione Governativa Navigazione Laghi, Telefon 091 751 61 40, www.navlaghi.it

Aussicht auf Locarno

Um an den Startpunkt der Wanderung zu gelangen, fahren Sie mit dem Schiff bis Vira, nehmen dort den Postbus in Richtung Indemini und fahren die kurvenreiche Stre-

Kurz vor Monti di Gerra

cke bis zum Halt «Monti di Fosano, Bv. di Piazzogna». Oben angekommen, folgen Sie den Wanderwegweisern in Richtung «Monti di Vairano» bzw. «Dirinella». Von hier haben Sie eine wunderbare Aussicht auf das Maggiatal, Locarno und Ascona. Die ersten 2 km verlaufen ziemlich ebenerdig auf Hartbelag durch das Derbor-Tal nach Monti di Vairano. Von dort aus können Sie bis ins Verzascatal und die Staumauer des Lago di Vogorno sehen, von der Pierce Brosnan als James Bond in einer Schlüsselszene von «Golden Eye» heruntersprang, und wo heute in Anlehnung daran Bungee-Jumping angeboten wird.

Schöne alte Natursteinhäuser reihen sich hier neben neuere Bauten und lassen erahnen, wie es hier früher ausgesehen haben mag, bevor moderne Hausbautechniken die traditionellen ablösten. Hier führt der Weg nun auf einem Naturpfad weiter, der langsam immer schmaler wird und wieder in den Wald führt. Weiter gehts in Richtung Monti di Gerra. Ein wunderschöner Bergwanderweg führt Sie am Hang entlang und wird immer wieder von kleinen Bächen gekreuzt. Wenn Sie Glück haben, sehen Sie hier vielleicht ein paar Feuersalamander. Kurz vor Monti die Gerra kommen Sie an einem Wasserfall vorbei, der sich in ein Becken ergiesst, unterhalb dessen man noch die Überreste der alten Brücke sieht, auf der Wanderer den Weg früher begangen haben, bevor die Stahlbrücke gebaut wurde. Der Weg führt Sie kurz auf eine grössere Strasse, in deren scharfer Linkskurve Sie geradeaus gehen und somit wieder auf den Naturweg gelangen und weiter in Richtung Dirinella laufen. Monti di Gerra ist eine idyllische Ansammlung von Häusern, die verstreut am Hang liegen.

Ein besonders schönes Waldstück ist fast nur von Farn und Birken bewachsen. Bevor der Weg in den Ort Monti di S. Abbondio mündet, geht es weiter nach links in Rich-

Pausenplatz mit Aussicht

**Roggengedecktes Haus
in Monti di Caviano**

ein Juwel für sich. Er ist jedoch nur bei absolut trockenem Wetter zu empfehlen, da er stellenweise sehr steil ist und bei Nässe daher gefährlich rutschig werden kann. Im hübschen Caviano können Sie in einer Osteria eine Pause einlegen. Folgen Sie den Wegweisern zur Bushaltestelle, dann gelangen Sie durch enge Gassen hinunter an den Lago Maggiore. Hier können Sie entweder den Bus zur Schiffsanlegestelle von Ranzo bzw. Vira nehmen oder die knapp 800 m nach Ranzo laufen und dort das Schiff besteigen.

tung Dirinella. Auf idyllischen, schmalen Waldwegen geht es weiter. Wenn Sie in einem Hohlweg den Wald hinunterkommen, achten Sie besonders gut auf die rotweiss-roten Bergwanderwegweiser, die Sie nach rechts auf eine Wiese führen. Am Ende dieser Wiese gehen Sie durch das hölzerne Tor und finden sich plötzlich in Monti di Caviano wieder, dem ursprünglichsten Dorf auf dieser Wanderung. Hier stehen die einzigen noch mit Roggenstroh gedeckten Häuser des Tessins. In einem davon können Sie sogar Picknicken, der Dachstuhl ist offen und Sie finden darin einen Tisch und Bänke.
Unterhalb von Monti di Caviano folgen Sie nun nicht mehr den Wegweisern in Richtung Dirinella, sondern nach rechts in Richtung Caviano. Dieser Weg hinunter ist

Typisches Steinhaus der Region

29 Von Mühlehorn nach Filzbach auf den Kerenzerberg

Auf dieser Wanderung von der Schiffsanlegestelle «Mühlehorn» nach Filzbach haben Sie immer wieder eine wunderschöne Aussicht auf die Churfirsten und auf die Serenbachfälle. Von Filzbach aus bringt Sie die Bahn auf den Kerenzerberg. Den Weg hinab können Sie auf der Sommerrodelbahn und mit dem Trottinett zurücklegen.

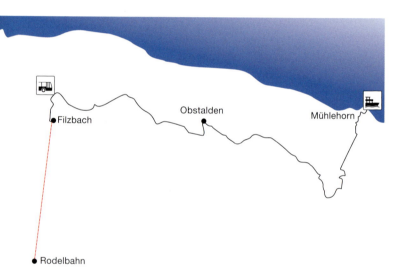

Route: Mühlehorn–Geissegg–Walenguflen–Obstalden–Filzbach

Länge: 6 km
Höhenmeter: ↑ 470 m, ↓ 150 m
Wanderzeit: 2,5 Stunden

Anreise: mit dem Schiff nach Mühlehorn
Rückreise: mit dem Bus von Filzbach Post entweder zurück nach Mühlehorn oder direkt nach Ziegelbrücke

Schifffahrtsgesellschaft: Schiffsbetrieb Walensee, Telefon 081 720 34 34, www. walenseeschiff.ch

Auf dem Weg nach Geissegg

Wenn Sie an der Schiffsanlegestelle «Mühlehorn» anlegen, befinden Sie sich direkt neben dem Strandbad von Mühlehorn. Der Weg führt Sie automatisch zum Bahnhof. Wenn Sie oben an der Brücke beim Restaurant «Mühle» vorbeikommen, müssen Sie noch etwas weiter hinauf laufen und beim Hammerschmiedeweg die Brücke überqueren. Folgen Sie dem weissen Schild mit dem Spaziergänger darauf, das in Richtung Oberdorf weist. Überqueren Sie die nächste Brücke und folgen Sie dem Wanderweg «über Geissegg». Er führt über einen kleinen Parkplatz und einige Stufen hoch, dann wieder kurz auf die von Autos befahrene Strasse und von dort links die alten, von Moos überwucherten Steintreppen hinauf. Hier könnte man glauben, Sie wären im Garten der Anwohner unterwegs, es geht aber tatsächlich über die Steintreppen und dicht am Haus vorbei.

Über eine Wiese steigt der Weg recht steil den Hang hinauf bis zur Bushaltestelle «Beerenboden», wo Sie die Strasse überqueren und den Waldweg weiter hinauf laufen, auch wenn hier kein Wanderwegweiser steht. Ein hölzerner Wegweiser deutet nach einigen Metern nach rechts in Richtung Obstalden. Sie gelangen so nach Geissegg, das eine niedliche kleine Ansammlung von idyllisch gelegenen Häusern ist. Ein paar neugierige Esel werden möglicherweise am Ortseingang das Empfangskomitee bilden. Gehen Sie weiter in Richtung Obstalden.

Sie überqueren bald das Meerenbachtobel über die historische Sagenbrücke aus Natursteinen. Wahrscheinlich stand an diesem Ort früher eine Sägemühle – hat also nichts mit Sagen oder Mythen zu tun. In Walenguflen kommen Sie am alten Wasserhaus «Kappeli» vorbei, in dem früher das Wasser einer Quelle für die umliegenden Häuser gesammelt wurde. Der Name Kappeli rührt daher, dass

Geissegger Empfangskomitee

bis zur Reformation an dieser Stelle angeblich eine Kapelle stand. Rechts liegt der Walensee mit den dahinter hoch aufragenden Churfirsten, links ziehen sich die sanft geschwungenen Wiesen den Hang hinauf. Der Weg führt Sie nach Obstalden direkt am Gasthaus «Hirschen» vorbei, der auch eine Gartenwirtschaft hat.

Auf der Höhe der Bushaltestelle «Post Obstalden» führt der Wanderweg links hinauf in Richtung Filzbach. Hinter Obstalden wandern Sie wieder auf einem kleinen Naturpfad und können auf der anderen Seite des Walensees die Kapelle von Vorderbetlis und die Seerenbachfälle – die höchsten der

Schweiz – erspähen. (Die Wanderung auf der nördlichen Seite des Walensees – von Weesen nach Quinten und an den Seerenbachfällen vorbei – finden Sie in unserem Wanderführer «Wandern an Schweizer Seen und Flüssen».)

Die Sagenbrücke

Beim Standort Rütegg gelangen Sie auf den Kerenzer Saumpfad, dem wunderschönen, historischen Weg, gesäumt von Felsbrocken, zwischen Mollis und Filzbach. Auch am Standort Rütegg deutet ein Wegweiser zu einem Spielplatz, den man mit Kindern nicht verpassen sollte! Viele verschiedene Spielgeräte, Grillstellen, Tische und Bänke mitten im Wald sind optimal für eine Rast mit der ganzen Familie.

Bald sehen Sie schon die ersten Häuser von Filzbach. Zwischen alten Trockensteinmauern geht es hinab ins Dorf. Gegenüber der Gemeindekanzlei gehen Sie links rund 350 m hinauf und stehen an der Talstation der Kerenzer Bergbahn, dem Ziel dieses Ausfluges. Auf dem Kerenzer Berg gibt es eine 1,3 km lange Sommerrodelbahn, mit der Sie bis zur Mittel-station hinuntersausen können. Von hier aus können Sie mit einem Trottinett zur Talstation hinunterbrettern.

Alternativ können Sie natürlich hier oben auch weitere Spaziergänge unternehmen, wenn Sie bisher nicht genug hatten. Von Filzbach aus bringt Sie der Bus zurück nach Mühlehorn oder in Richtung Ziegelbrücke, von wo aus die Züge in Richtung Zürich fahren.

Betriebszeiten: *Bitte aktuelle Informationen auf der Webseite beachten.*
Preise: *Trottinett Fr. 8.– bis 14.– Rodeln um die Fr. 7.–*
Informationen: *Sportbahnen Filzbach AG, 8757 Filzbach Telefon 055 614 16 16 www.kerenzerbergbahnen.ch*

Aussicht auf den Walensee

30 Mal anders von Weesen nach Amden

Diese Wanderung führt Sie durch die wunderschöne und oft wilde Landschaft oberhalb des fjordähnlichen Walensees. Tiefe Schluchten und steile Felsen wechseln sich mit Waldstücken und ausgedehnten Matten ab.

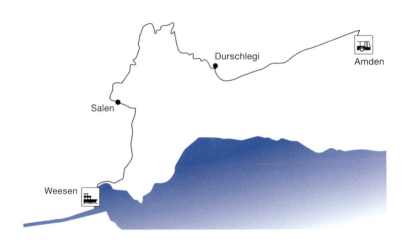

Route: Weesen–Salen–Amden

Länge: 6 km
Höhenmeter: ↑ 660 m, ↓ 200 m
Wanderzeit: 3 Stunden

Anreise: mit dem Schiff ab Walenstadt, Maur oder Mühlehorn nach Weesen
Rückreise: mit dem Bus von Amden zurück nach Weesen

Schifffahrtsgesellschaft: Schiffsbetrieb Walensee, Telefon 081 720 34 34, www. walenseeschiff.ch

Fahren Sie mit dem Schiff von Walenstadt, Maur oder Mühlehorn nach Weesen und geniessen Sie die bezaubernde Aussicht auf die Bergwelt, die den Walensee umrahmt. Der heutige Ausflug wird Sie entlang dieser Berge und über eine Teilstrecke des Geo-Weges Schänis–Weesen–Amden führen. Der Geoweg ist Bestandteil des Geo-Parks «Sardona». Unterwegs sind immer wieder Informationstafeln über Gesteinsarten und geologische Prozesse vorhanden.

Nachdem Sie das Schiff in Weesen verlassen haben, folgen Sie dem Wegweiser in Richtung Salen. An der Seepromenade oder in einem der Restaurants in Weesen können Sie noch einmal Kraft für den anstehenden Aufstieg sammeln.

Nachdem der Weg das Ufer nach links verlassen hat, geht es an der Kirche vorbei, über die Hauptstrasse und ein kleines Strässchen den Hang hoch. Von hier begehen Sie einen Teil des Weesener Geissenwegs, den kurzen Rundweg am Chapfenberg. Schon bald wandelt sich das Strässchen zu einem malerischen Naturpfad, der streckenweise mit grossen alten Natursteinen gepflastert ist.

Umrahmt von Wiesen und Weiden sowie einem ruhig dahinplätschernden Bächlein überwinden Sie in einem Anstieg die ersten Höhenmeter, bis Sie zum Weiler «Salen» gelangen. Von dort aus folgen Sie nun immer den Wanderwegweisern in Richtung Amden. Schon bald überqueren Sie ober-

In Weesen

Flybach

Sie den Flybach und folgen auf der anderen Seite dem Hang wieder zurück in Richtung Walensee und aus dem Tobel hinaus. Nach einer Überquerung des Renzletenbachs gelangen Sie schon bald auf eine grössere Bergwiese, auf welcher das Maiensäss steht, zu welchem der eben erwähnte Warenlift führt. Die Wiese lädt dazu ein, kurz zu verschnaufen und sich ein wenig zu stärken – hier können Sie die Natur auf sich wirken lassen und den Blick auf den unteren Walensee geniessen.

Sie werden wieder in den Wald geführt, zwischendurch geben die Bäume aber immer wieder den Blick auf den Walensee und das beeindruckende Bergpanorama frei. Zu Ihrer Linken sehen Sie schon bald imposante Kalksteinwände emporragen. Unterhalb von Durschlegi führt Sie der Weg über einen beeindruckenden, aus dem Fels gehauenen Felsenweg, wo die jeweiligen Gesteinsschichten, deren Alter, Zusammensetzung und allfällige heutige Verwendung auf kleinen Tafeln angeschrieben sind. Rund 500 m dahinter erreichen Sie einen Standort mit Bänken und weiteren Informationstafeln zur Entstehung der Alpen im Allgemeinen und der Region um den Walensee im Speziellen. Von hier haben Sie einen guten

halb von Salen einen je nach Wetter wilden oder zahmen Zufluss des Flybachs, wo Sie einen schönen Blick auf die Rundbogenbrücke haben. In der nächsten engen Kurve passieren Sie übrigens die Talstation des Warenliftes, welcher hoch zum Maiensäss «Brand» geht, an welchem Sie später noch vorbeiwandern werden. Bevor Sie nun die eben erwähnte Rundbogenbrücke passieren, biegen Sie rechts ab – weiter dem Wanderweg in Richtung Amden folgend.

Ab hier laufen Sie auf einer breiten Naturstrasse in das Flybachtobel, welches vom Bach tief in den Berghang gegraben wurde. Am Grund des Tobels angelangt, überqueren

Finden Sie den Wanderer!

Blick zurück auf die eben durchwanderte Passage.
Noch einige Stufen und schon bald haben Sie den höchsten Punkt dieses Ausfluges erreicht – von nun an geht es relativ gemächlich und nur noch sanft auf und ab nach Amden. Es offenbart sich Ihnen ein unvergleichbarer Blick auf den tiefblauen Walensee, das dahinterliegende Bergpanorama und bald auch Amden in seiner gesamten Ausdehnung. Der Weg führt Sie geradewegs zur Hauptstrasse, welche von Weesen nach Amden führt. An der Hauptstrasse gehen Sie nach rechts und kommen direkt an der Busstation «Amden Brugg» an, von wo aus Sie der Bus in rund 10 Minuten zurück an den See nach Weesen bringt. Wenn Sie an der grossen Strasse ankommen und dieser nach links folgen, gelangen Sie nach rund 500 m an die Talstation der Sesselbahn, die auf den Amdener Hausberg «Mattstock» führt, dem Ausgangspunkt zahlreicher Bergwanderungen.

Hoch über dem Walensee

Autoren

Kaja Baumann ist gebürtige Kölnerin und zog vor Jahren aus Liebe in die Schweiz. An den Wochenenden erkundet sie die Schweizer Natur mit Wanderkarte und Rucksack. Sie arbeitet als selbstständige Texterin und Lektorin in Bern.

Christian Käsermann kommt aus einem Dorf im Emmental und ist seit seiner frühen Kindheit auf den Wanderwegen der Schweiz und abseits davon unterwegs.

Bildnachweis

Alle Fotos stammen von den Autoren.
Ausser:
S. 10, S. 11, S.12: Janine Weix
S. 89, S. 90, S. 91: Philippe Elsener, Baltenswil
S. 106: Tourist Information Ringgenberg-Goldswil-Niederried
S. 107, S. 108, S. 109: Christine Sieber, Pfarrerin in Ringgenberg
S. 124, S. 125: Klaus Janssen, istockphoto.com

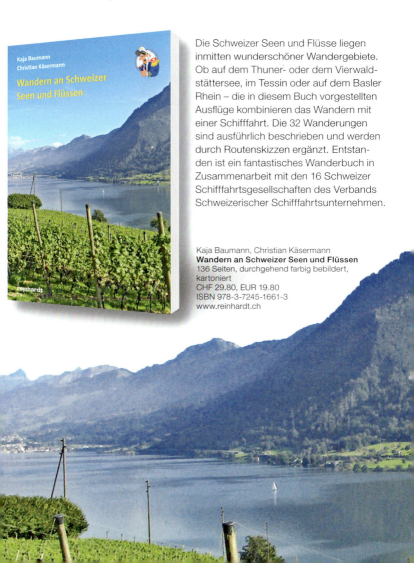

Abwechslungsreiche und faszinierende Wanderungen
zu Burgen und Schlössern

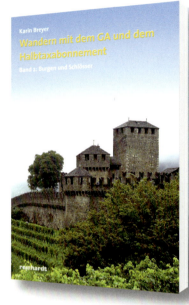

Dieses Buch enthält rund 20 abwechslungsreiche Wanderungen zu Naturschönheiten, trutzigen Burgen und imposanten Schlössern. Auf schmalen Pfaden, durch wildromantische Wälder oder liebliche Täler und pittoreske Dörfer, entlang rauschender Bächlein oder grosser Flüsse, mal steinig, mal auf sanftem Waldboden – die beschriebenen Routen bieten historische Höhepunkte und sind eine interessante Begegnung von Kultur und Natur. Die zweieinhalb- bis vierstündigen Wanderungen sind alle mit dem öffentlichen Verkehr zu erreichen.

Karin Breyer
Wandern mit dem GA und dem Halbtaxabonnement
Band 2: Burgen und Schlösser

152 Seiten, durchgehend farbig bebildert, kartoniert
CHF 29.80, EUR 19.80
ISBN 978-3-7245-1701-6
www.reinhardt.ch